CUATRO PUNTOS DE VISTA SOBRE
LA SANTA CENA

CUATRO PUNTOS DE VISTA SOBRE
LA SANTA CENA

- Russell D. Moore
- I. John Hesselink
- David P. Scaer
- Thomas A. Baima

- **Paul E. Engle** *editor de la serie*
- **John H. Armstrong** *editor general*

**PUNTOS DE VISTA:
IGLESIA CRISTIANA**

La misión de Editorial Vida es ser la compañía líder en comunicación cristiana que satisfaga las necesidades de las personas, con recursos cuyo contenido glorifique a Jesucristo y promueva principios bíblicos.

CUATRO PUNTOS DE VISTA SOBRE LA SANTA CENA
Edición en español publicada por
Editorial Vida – 2024
Nashville, Tennessee
© 2024 Editorial Vida

Publicado anteriormente en español por
Editorial Vida - 2009
Miami, Florida

Originally published in the USA under the title:
Understanding Four Views on the Lord's Supper
Copyright © 2007 por John H. Armstrong
Published by permission of Zondervan, Grand Rapids, Michigan

Traducción: *Dr. Omar Díaz de Arce*
Edición: *Rojas & Rojas Editores, Inc.*
Diseño interior: *Rojas & Rojas Editores, Inc.*
Adaptación de cubierta: *Gustavo Camacho*
Diseño de cubierta: *Angela Eberlein*
Foto de cubierta: *Masterfile*

RESERVADOS TODOS LOS DERECHOS. A MENOS QUE SE INDIQUE LO CONTRARIO, EL TEXTO BÍBLICO SE TOMÓ DE LA SANTA BIBLIA NUEVA VERSIÓN INTERNACIONAL. © 1999 POR BÍBLICA INTERNACIONAL.

ISBN: 978-0-829-77375-0

CATEGORÍA: Iglesia cristiana / General

CONTENIDO

Abreviaturas   7
Introducción: Haced esto en memoria de mí   11
   JOHN H. ARMSTRONG

1. EL PUNTO DE VISTA BAUTISTA
La presencia de Cristo como recordatorio   29
RUSSELL D. MOORE

   Una respuesta reformada   45
      I. JOHN HESSELINK
   Una respuesta luterana   48
      DAVID P. SCAER
   Una respuesta católica romana   53
      THOMAS A. BAIMA

2. EL PUNTO DE VISTA REFORMADO
La presencia real de Cristo   59
I. JOHN HESSELINK

   Una respuesta bautista   72
      RUSSEL D. MOORE
   Una respuesta luterana   75
      DAVID P. SCAER
   Una respuesta católica romana   79
      THOMAS A. BAIMA

3. EL PUNTO DE VISTA LUTERANO
Encontrar la palabra correcta   87
DAVID P. SCAER

   Una respuesta bautista   102
      RUSSELL D. MOORE
   Una respuesta reformada   106
      I. JOHN HESSELINK

Una respuesta católico romana   109
THOMAS A. BAIMA

4. EL PUNTO DE VISTA CATÓLICO ROMANO
La presencia verdadera, real y substancial de Cristo   119
THOMAS A. BAIMA

Una respuesta bautista   137
RUSSELL D. MOORE
Una respuesta reformada   141
I. JOHN HESSELINK
Una repuesta luterana   144
DAVID P. SCAER

Conclusión: Las dos preguntas más importantes   153
JOHN H. ARMSTRONG
*Apéndice 1: Declaraciones sobre la Cena del Señor
en credos, confesiones y catecismos*   160
Apéndice 2: Citas sobre la Cena del Señor   179
Recursos para estudios ulteriores   200
Acerca de los colaboradores   204
Preguntas para discutir y reflexionar   206

ABREVIATURAS

Textos bíblicos, versiones, etc.

NVI	Nueva Versión Internacional
RVR	Versión Reina Valera Revisada
NT	Nuevo Testamento
AT	Antiguo Testamento

Antiguo Testamento, Nuevo Testamento

Gn	Génesis
Éx	Éxodo
Lv	Levítico
Nm	Números
Dt	Deuteronomio
Jos	Josué
Jue	Jueces
Rut	Rut
1-2 S	1-2 Samuel
1-2 R	1-2 Reyes
1-2 Cr	1-2 Crónicas
Esd	Esdras
Neh	Nehemías
Est	Ester
Job	Job
Sal	Salmos
Pr	Proverbios
Ec	Eclesiastés
Cnt	Cantar de los cantares
Is	Isaías

Jer	Jeremías
Lm	Lamentaciones
Ez	Ezequiel
Dn	Daniel
Os	Oseas
Jl	Joel
Am	Amós
Abd	Abdías
Jon	Jonás
Miq	Miqueas
Nah	Nahúm
Hab	Habacuc
Sof	Sofonías
Hag	Hageo
Zac	Zacarías
Mal	Malaquías
Mt	Mateo
Mr	Marcos
Lc	Lucas
Jn	Juan
Hch	Hechos
Ro	Romanos
1-2 Co	1-2 Corintios
Gá	Gálatas
Ef	Efesios
Fil	Filipenses
Col	Colosenses
1-2 Ts	1-2 Tesalonicenses
1-2 Tim	1-2 Timoteo
Tito	Tito
Flm	Filemón
He	Hebreos
Stg	Santiago
1-2 P	1-2 Pedro
1-2-3 Jn	1-2-3 Juan
Jud	Judas
Ap	Apocalipsis

General

a.C.	Antes de Cristo
ca.	circa (alrededor de, aproximadamente)
cap.	capítulo
cf.	confer, compare
d.C.	Después de Cristo
ed(s)	editor(es), editado por
esp.	especialmente
gr.	griego
i.e.	id est, esto es
ibíd.	ibídem, en el mismo lugar
n.	nota
N.B	nota bene, note cuidadosamente
p(p).	página(s)
p. ej.	por ejemplo [en lugar de e.g. [exempli gratia, por ejemplo]
sec.	sección
trans.	Traductor(es), traducido por
v(v).	versículo(s)

INTRODUCCIÓN:
HACED ESTO EN MEMORIA DE MÍ

John H. Armstrong

Desde mis más tempranos recuerdos, mientras crecía en una iglesia cristiana evangélica, pensaba a menudo en la Cena del Señor. Cada semana, en un santuario sencillo y casi sin adornos, estaban frente a mí las palabras del Señor Jesús, grabadas en la mesa debajo del púlpito: «Haced esto en memoria de mí». Esta cena no se celebraba con mucha frecuencia en mi iglesia local, pero cuando se incluía en nuestro culto, ella tenía un fuerte atractivo para mí. Recuerdo que le preguntaba a mis padres: «¿Por qué hacemos esto?» y, «¿Qué significa esto?». (Recuerdo que incluso preguntaba: «¿Por qué hacemos esto con tan poca frecuencia?».) Las respuestas que recibía no eran enteramente satisfactorias. Pero la atracción que sentía por esta celebración crecía paulatinamente con el tiempo. Para muchos de mis amigos la ceremonia parecía sombría, pero para mí era emocionante, un momento lleno de esperanza y gozo. Entendía que ella tenía una importancia vital para mi vida como cristiano, pero no tenía idea por qué. También sabía que quería participar de ella como un cristiano que ama de veras al Señor.

Qué extraño que a nosotros los cristianos se nos tenga que recordar lo que somos a través de una simple y recurrente comida. Hemos sido redimidos por la sangre de nuestro Mesías, Jesús, pero a pesar de eso somos proclives a olvidar su gran acto de sacrificio. Pero nuestro Señor comprende perfectamente bien nuestras debilidades y por eso hace provisión por nosotros, para que vengamos una y otra vez de manera que no nos olvidemos.

Más de cinco décadas después todavía pienso en esta simple y asombrosa comida. ¿Por qué esta ceremonia es tan importante para nosotros los cristianos? ¿Cuál es el encanto de la acción de tomar el pan y el vino para recordar la muerte de Cristo en nuestros nutridos encuentros eclesiásticos? ¿Y por qué esta comida particular se practica todavía por casi todos los cristianos vivos hoy en día cuando los cristianos han discrepado constantemente sobre su significado exacto por casi veinte siglos?

Donald Bridge y David Phypers, en una útil panorámica de la Cena del Señor, describen a un espectador imaginario que observa un canal religioso por televisión. Ve muchas señales, sonidos y formas que proceden de diversos grupos cristianos de todo el mundo. En medio de esta amplia diversidad, toma nota de lo siguiente:

> [Ahí] hay una cosa que los diferentes grupos sí tienen curiosamente en común. Todos hacen un uso más bien especial del pan y el vino. El uso que hacen de estos es asombrosamente diferente, pero todos los usan. Si [este espectador] se fija en el programa durante algunas semanas, pronto descubrirá que los cristianos no solo han hecho cosas diferentes con el pan y el vino, sino que se han hecho de forma mutua cosas terribles a causa de ello. Hombres y mujeres han sido encarcelados, azotados, atormentados, torturados, y quemado vivos debido a opiniones que difieren sobre lo que en realidad sucede cuando los cristianos comen pan y beben vino y recuerdan a su Señor.[1]

Todos los cristianos a través del mundo trazan su práctica de la Cena del Señor desde esa noche anterior a la horrible muerte de Jesús en que él compartió una última comida con sus discípulos en un amplio «gran aposento alto» (Lc 22:12, RVR). Durante esa comida Jesús dijo a sus seguidores, primero del pan que les dio: «Este es mi cuerpo» (Mt 26:26), y después, de la copa que también les dio: «Esta mi sangre del pacto» (Mt 26:28). Al hacerlo, Jesús mandó a sus seguidores que debían hacer «esto en memoria de mí» (Lc 22:19). Parecía que deseaba que ellos celebraran esta comida una y otra vez. Así es como el apóstol Pablo comprendió este evento, pues leemos que tanto se deben tomar el pan como la copa «en memoria de mí [Jesús]», tal como Jesús ordenó (1 Co 11:24-25).

A esta comida se le han dado varios nombres apropiados. La más simple expresión ocurre en 1 Corintios 11:20, donde se le llama «la Cena del Señor». En 1 Corintios 10:21 se le llama «la mesa del Señor». En 1 Corintios 10:16 es una *koinonia* (una «comunión»), o una «participación». La mayoría de los eruditos está de acuerdo en que una alusión a esta misma comida tiene lugar también en Hechos 2:42, donde se hace referencia a ella como «el partimiento del pan». Más tarde la iglesia llamó a esta comida la «Eucaristía», debido a que esta palabra particular expresaba el elemento más característico de la Cena del Señor, o sea, la acción de gracias (Mt 26:27; 1 Co 11:24; cf. la eucharisteō griega. «dar gracias»). (El término «Misa», que viene de la terminación latina del rito romano, llegó más tarde y se lo tomó de las palabras: «Ve, estás despedido».) Cierto número de alusiones a esta Cena tiene lugar también en el Nuevo Testamento.

Lo principal que hay que notar en todos estos textos es la rica variedad de expresiones para la Cena del Señor, y que todas apuntan a Jesús y su sacrificio. Casi todo cristiano, con independencia de cómo comprende esta Cena, está de acuerdo por lo menos en esto: Cristo la instituyó, y el Nuevo Testamento comanda a sus seguidores a celebrarla. La misma palabra que estaba sobre la mesa en la iglesia de mi infancia decía que debíamos «hacer» esto, no «debatir» esto. Tanto la repetición como el mandato están ubicados en esta única palabra, «hagan». Aun más, la creencia de que todos debemos venir a esta mesa tiene simplemente sus raíces en las instrucciones que el apóstol Pablo le diera a una de las primeras congregaciones cristianas cuando escribió: «Porque cada vez que comen este pan y beben de esta copa, proclaman la muerte del Señor hasta que él venga» (1 Co 11:26).

Leer estas palabras hace parecer todo muy simple, muy obvio. De seguro que los mandatos de Cristo no son complicados ni onerosos. Pero los más sinceros y fieles cristianos han disentido. Disienten sobre el *significado* de la Cena así como sobre su *importancia*. Están en desacuerdo sobre *quiénes* deben tomarla y *cuándo*. Y están completamente en desacuerdo sobre *lo que sucede* a los propios elementos cuando se ora sobre ellos y el pueblo de Dios los toma. Un cuidadoso análisis de los textos bíblicos y de las prácticas de los primeros cristianos revelan que casi toda acción y frase del texto bíblico tiene un «significado vívido y una implicación vibrante». [2]

UNA REMEMBRANZA ORDENADA

«Haced esto en memoria de mí». El mandato de nuestro Señor parece muy simple, como he dicho. Cualquier cristiano sencillo puede cumplir con él si lo desea. Pero la comprensión de lo que estas palabras significan, y cómo debemos obedecerlas, no ha sido tan simple a lo largo de los dos mil años de la historia de la iglesia. Por momentos parecería que la mejor parte de la verdadera sabiduría sería dejar de lado todas las controversias y obedecer el mandato.

Las más tempranas referencias que tenemos de cristianos que recuerdan a Cristo en esta sagrada comida ocurren en el libro de los Hechos. Aquí leemos que ellos «se mantenían firmes en la enseñanza de los apóstoles... en el partimiento del pan y en la oración» (Hch 2:42). Los especialistas bíblicos no tienen dudas de que esta referencia al «partimiento del pan» era una referencia a la Cena del Señor.

En Hechos 20, leemos que los cristianos de Troas se reunían «el primer día de la semana» ... «para partir el pan» (Hch 20:7). Aquí el manifiesto propósito de las reuniones de la iglesia parece haber sido «partir el pan», lo que indica que esta comida era algo central para la asamblea pública de la iglesia. Lucas, el autor humano de estas palabras, es el mismo autor que registró en el tercer evangelio el claro mandato del Señor de celebrar esta comida (Lc 22:19). Esto hace muy obvio que él entiende la reunión de la iglesia para «partir el pan» como el *cumplimiento* del mandato de Jesús de «haced esto en memoria de mí».

Algunos de los especialistas bíblicos han supuesto que la iglesia primitiva celebraba la Cena del Señor diariamente (Hch 2:46-47). Esto indicaría que la Cena se separó inmediatamente de la Pascua, que solo se celebraba anualmente. Está claro que, tras varias décadas de la era cristiana, parece que los creyentes estaban recibiendo el pan y la copa cada semana, el primer día, que se convirtió en el Día del Señor (cf. Hch 20:7, 11; 1 Co 16:2). Y tanto en 1 Corintios 10 como en 1 Corintios 11, donde Pablo dedica a la Cena el material textual más descriptivo de todo el Nuevo Testamento, hay pocas dudas de que esta celebración del cuerpo y la sangre de Cristo era un evento regular. A pesar de eso, virtualmente todos los especialistas bíblicos concuerdan en que no hay un mandato claro en relación con la frecuencia de la Cena del Señor dentro del Nuevo Testamento. Pablo simplemente dice: «Yo recibí del Señor...» (1 Co 11:23), lo que significa que había recibido una encomienda de un modo directo del mismo Señor Jesús. De hecho, una manera de leer esta declaración sería: «Yo, yo mismo, Pablo, he *recibido* del Señor [Jesucristo] eso que ahora les *trasmito*». (Se concuerda por lo general en que *recibido* y *trasmitido* eran términos técnicos utilizados para describir el traspaso de una tradición oral. Dónde Pablo recibió esto no lo sabemos, pero bien podría haber sido tanto en la iglesia de Damasco como en la iglesia de Antioquia.) De manera que creo que de nosotros se requiere que demos gran importancia a esta comida precisamente porque Jesús y sus fieles apóstoles, que laboraron para edificar el único fundamento de la iglesia sobre él, le concedieron gran importancia.

¿Qué es la Cena del Señor?

¿Qué es exactamente la Cena del Señor? Dicho de manera simple: Es una ceremonia sencilla en la cual los creyentes reunidos toman el pan y el vino en un acto sagrado de comunión, remembranza, y acción de gracias. Este acto sagrado está enraizado en las palabras y acciones de Jesús. Justino Mártir, escribiendo en su clásica obra *Apología*, lo dijo de esta manera: «No recibimos estas cosas como pan o bebida comunes, sino como a Jesucristo, nuestro Salvador, quien se encarnó por virtud del Verbo de Dios para nuestra salvación...».[3]

No hay dudas acerca de este simple hecho histórico: A través de los siglos esta comida ha sido el *acto central y característico de la iglesia en la adoración*. Si la iglesia es una comunidad que recuerda a Jesús como Señor, entonces la forma principal en que se ha hecho esto en la adoración pública ha sido a través de esta Cena. Y este recordatorio no está destinado a una reflexión sentimental, sino a un «recuerdo» divinamente invocado del acontecimiento histórico de la vida y la obra de Cristo, en particular de su pasión, resurrección, y ascensión.

Los orígenes de la Cena del Señor

La mayoría de los especialistas concuerdan en que la Cena del Señor tiene sus raíces en la celebración de la Pascua judía. La comida de Pascua consistía en cordero, hierbas amargas, y pan sin levadura. Esta fue instituida para celebrar y conmemorar la liberación de los israelitas por Dios de la esclavitud en Egipto. La historia se cuenta en Éxodo 28. La comida se celebraba como una acción de gracias por los dones del alimento, compañerismo, y libertad. Cuando los niños israelitas preguntaran más tarde a sus padres: «¿Qué significa para ustedes esta ceremonia?» (Éx 12:26), los padres debían remitirlos a estos grandes acontecimientos.

Cuando Jesús instituyó la comida que llamamos la Cena del Señor, esta no era una comida de Pascua la que él celebraba, sino más bien una ceremonia enteramente nueva dentro del contexto de la Pascua. Esta no se celebraba cada año, como la Pascua, y comprendía solo dos elementos simples: pan y vino. Y aunque Jesús es «el Cordero de Dios», que se sacrifica a sí mismo por nuestros pecados (Jn 1:29), en la Cena del Señor no participaba un cordero de Pascua en sentido literal, como en la Pascua. En importante notar la diferencia entre las dos comidas, pero los paralelos también merecen importante consideración:

> Durante la comida de Pascua, a alguien, generalmente al hijo más joven, se le designaba para hacer la pregunta: «¿Por qué esta noche es diferente de las otras noches?». En este punto el anfitrión contaría de nuevo la historia de la liberación de Israel de Egipto y el significado de los distintos elementos de la comida. Como anfitrión de la Última Cena, Jesús ha vuelto a contar la historia. Más adelante, los paralelos entre la Pascua y la Última Cena que Jesús establecía serían bien evidentes.[4]

UNA REMEMBRANZA VISIBLE

Aunque a veces lo olvidamos, esta comida no es una ceremonia privada. Es una celebración eclesiástica en la cual los creyentes recuerdan a su Señor juntos de una manera visible. En esta comida familiar colectiva celebramos el sacrificio de Cristo por nuestros pecados.

Durante muchos siglos la celebración de esta comida eclesiástica se hizo más y más elaborada. Las razones serán exploradas, hasta cierto punto, en los capítulos que siguen. Parte de la razón por la que los cristianos difieren sobre el significado de la comida está vinculada a la manera en que ellos deciden celebrarla. Pero nunca debe perderse de vista en nuestros desacuerdos esto: que la Cena del Señor hace énfasis en la participación de toda la congregación en la comida. La norma se establece con claridad en Marcos 14:23, donde leemos: «Después tomó una copa, dio gracias y se la dio a ellos, y todos bebieron de ella».

Esta es una comunión que expresa la unidad de la familia de Dios y por esta razón anticipa el fin de esta era, la unidad final y completa de todos los cristianos y su Señor.

Pero ¿qué significa realmente esta remembranza para nosotros como cristianos? Sugiero que estén a la vista claramente por lo menos tres cosas.

1. Conmemoración

Como Jesús nos instruyó a celebrar siempre esta comida «en memoria de mí» (1 Co 11:24), la Cena del Señor nos debe recordar siempre la última comida que Jesús celebro con sus discípulos antes de morir en la cruz. Cuando estos textos se leen y comprenden en su contexto redentor, las palabras del Señor tienen un poderoso significado. Están simplemente destinadas a traer a las mentes de los discípulos, y las nuestras también, todos los eventos de su increíble vida, sus sufrimientos e ignominiosa muerte, y su gloriosa y victoriosa resurrección. De ese modo, por medio de esta comida, ahora reconocemos, observamos, y recordamos su vida y su muerte por nosotros.

2. Renovación

Con tanta certeza como conmemoramos y recordamos el sacrificio de Cristo por nuestra salvación, también renovamos nuestra fe y nos consagramos de nuevo a él cuando venimos a esta mesa (cf. Ro 12:1-2). La Cena del Señor enriquece nuestras vidas cristianas a través de nuestro encuentro con Cristo en este señalado lugar. Aquí recibimos otra vez su gracia, y aquí él nos revela que le pertenecemos a través de una unión mística. Esto nos inspira a ser seguidores dedicados del Salvador. Cada uno de nosotros tiene la obligación de amar y servir al Salvador y ministrarnos unos a otros. Reunidos en torno a esta mesa, recibimos la capacidad de amar a Dios y a nuestros prójimos. Habiendo recibido estas muestras de amor, en el pan y el vino se nos dan los dones que nos capacitan para servir. Se renueva nuestra fe.

3. Acción de gracias

En Marcos 14:23 se lee: «Después tomó [Jesús] una copa, dio gracias y se la dio a ellos [los discípulos]». Note con cuidado que le dio a ellos la copa después de haber dado gracias. Así vemos un motivo obvio por el cual la iglesia siempre ha visto, como un elemento central de la Cena del Señor, la idea de la acción de gracias. De ese modo la palabra Eucaristía, que viene del griego eucharisteō, y que significa «dar gracias», ha estado siempre asociada con la Cena del Señor por una razón muy buena. Es aquí donde damos gracias y alabamos a Dios a través de nuestra oración. Es aquí que agradecemos a Dios por crearnos, por hacernos a imagen de Dios, por ser un Dios bueno y fiel, por perdonar nuestros pecados a causa de Cristo, y por darnos un futuro y una esperanza que se revelará del todo en el reino de Cristo, tanto ahora como en la era por venir.

UN RECUERDO QUE FORTALECE

Mientras que nuestro bautismo se da solo una vez y marca el inicio de nuestra jornada cristiana, la Cena del Señor se da regularmente y nos asegura la constante presencia del Espíritu Santo en nuestras vidas. Por medio de esta comida se nos da con regularidad la gracia y la fortaleza de Cristo en comunión con él. Es una comida que nos nutre de manera que podamos crecer en el amor y el conocimiento de Cristo. El pan significa el cuerpo físico de Cristo, así como el cuerpo místico de su iglesia. La copa representa su sangre y de este modo el perdón de nuestros pecados y el poder dador de vida de su sacrificio por nosotros.

El alimento espiritual y el crecimiento llegan a nosotros en esta Cena en por lo menos cuatro formas:

1. Capacita

La Cena del Señor capacita nuestra fe de una manera diseñada por Dios para fortalecernos. A través de una participación reverente y fiel en esta comida se nos capacita para proclamar la muerte de nuestro Señor hasta que él venga. Se nos da el poder de ser más fieles en nuestro testimonio del evangelio y se nos llama a servir a los demás como Cristo nos ha servido y se ha entregado por nosotros. De una forma poderosa, si venimos en humilde fe, reflexionaremos en nuestra confesión ante la Mesa del Señor y pediremos a Dios que nos permita vivir más fielmente para él. Mientras experimentamos de nuevo el amor de Dios en la Eucaristía encontramos una paz renovada con

Dios. A través de eso se nos capacita para vivir nuestras vidas en el poder de su amor. Independientemente de cómo entendamos la Cena, aquellos que nos reunimos alrededor de esta mesa recibimos el poder de Cristo, un poder que nos permite entregarnos más completamente a Dios y a nuestro prójimo. A través de estos medios divinamente señalados somos capaces de llevar el amor de Dios al mundo, de manera que otros puedan recibir el beneficio de los dones de Cristo por medio de nosotros. A través de estos medios, la Cena del Señor también hace posible que se realice nuestra misión mientras salimos por el mundo.

2. Une

El pan que comemos es una sola hogaza, y la copa que tomamos es una sola copa. Estos elementos simbolizan nuestra unidad con Cristo y de unos con otros. El pan no es sólo para mí individualmente, sino para toda la iglesia, por tanto expresa nuestra unidad. La copa simboliza el derramamiento de la sangre de Cristo por los pecados de todos, no solo por los míos. Esta es la vida de toda la iglesia.

La Didaqué, un documento del siglo II que sirvió como una especie de manual del orden eclesiástico, se refiere extensamente a la Eucaristía. En relación con el pedazo de pan, partido de una hogaza y dado a los creyentes, esta liturgia dice como sigue:

> Te damos gracias, Padre nuestro, por la vida y el conocimiento que has revelado a través de Jesús, tu hijo. Para ti sea la gloria por siempre.
>
> Igual que este pedazo [de pan] se dispersó sobre las colinas y después fue reunido y hecho uno, así deja que se reúna la iglesia desde los confines de la tierra en tu Reino. Porque tuya es la gloria y el poder a través de Jesucristo por siempre.

La Cena del Señor es una fraternidad (cf. 1 Co 10:15-17). Esta parece haber servido desde el mismo comienzo como el acto sagrado de la fraternidad cristiana, el vínculo de amor entre los miembros de una sociedad. Junto a esta comida compartimos la fraternidad de Cristo y de unos con los otros. ¡Qué tragedia que esta comida constituya una causa de división en la iglesia de nuestros días! Un pastor de una época anterior planteó bien la cuestión cuando escribió: «En esto se sitúa una obligación ineludible para cada cristiano, que este acto de Santa Comunión llegue a ser de nuevo, como era en la Iglesia Apostólica, un vínculo de unión y un sello de consagración cristiana a un Señor común».[5]

3. Nutre

Muchos que han reflexionado sobre esta comida han señalado que somos alimentados por Cristo en la fiesta de la Cena del Señor. Aquí crecemos en nuestra capacidad de alimentar a otros y de ser alimentados por los demás cristianos, quienes también comparten la gracia de Dios con nosotros. Pero el mayor alimento viene del propio Dios. Aquí, en el culto cristiano, el todo de nuestra relación con Dios se suma en una simple acción: la de comer el pan y beber el vino juntos como seguidores de Cristo.

El famoso poeta y novelista alemán Goethe dijo una vez: «Lo más elevado no se puede decir; solo se puede hacer». Esto se aplica ciertamente a todo amor humano, y en especial al amor de Jesús, quien, «cuando todavía éramos pecadores... murió por nosotros» (Ro 5:8). Las palabras y los pensamientos nos fallan a la postre cuando se llega al misterio de un amor como ese; de manera que parece que Dios nos dio un drama espiritual en donde podemos alimentarnos una y otra vez por medio de su amor.[6]

4. Prepara

La Escritura enseña que nos preparamos para la venida del Señor y su reino terrenal al tomar el pan y el vino de esta comida. Pablo escribe: «Porque cada vez que comen este pan y beben de esta copa, proclaman la muerte del Señor *hasta que él venga*» (1 Co 11:26, itálicas añadidas). Hacemos una proclamación junto a esta mesa y preparamos nuestro cuerpo y alma para el día de la venida del Señor. Jesús le dio una explícita orientación escatológica a la Última Cena (cf. Marcos 14:25). Aquí, creo yo, está la manera correcta de mirar esta cuestión de la preparación.

Debemos comprender que el vino es para participar de la novedad de los nuevos cielos y la nueva tierra que serán revelados en el Día del Señor. Aquí Jesús no ve este gran día desde el ángulo que ahora se nos muestra a nosotros; este lado que amenaza juicio y nos incita al arrepentimiento, sino del lado brillante, el cual no será visible para nosotros hasta después de la regeneración. Su decisiva orientación futura puede explicar por qué Jesús no habló del sacramento como un recordatorio retrospectivo de él, aunque de seguro este adquiriría eventualmente este significado. Pablo enfatiza el carácter memorial del sacramento cuando dice: «proclaman la muerte del Señor hasta que él venga» (1 Co 11:26). Pero la segunda venida es una perspectiva, y aun la proclamación de la muerte del Señor no es enteramente retrospectiva, porque es una instancia de la proclamación del evangelio, el cual siempre visualiza una salvación futura. Este es el sentido en el que el pan y el vino —el cuerpo y la sangre de Jesús— se dan, se habla de ellos y son ingeridos en memoria de él.[7]

UNA REMEMBRANZA PERSONAL

Esta comida se le ofrece a usted. Es muy personal, aunque nunca debe ser privada ni individualista en su orientación ni ambiente. Cuando Pablo declara: «Porque cada vez que comen este pan y beben de esta copa, proclaman la muerte del Señor hasta que él venga» (1 Co 11:26), utiliza el plural «ustedes», lo que significaba dentro del contexto la iglesia de Corinto. Pero no debemos pasar por alto el significado personal de la Cena del Señor. La Cena es seguramente para *usted* como cristiano individual, pero dicho esto, usted debe recordar que *no es para usted solo*. Es para que usted la comparta con sus hermanos en Cristo.

¿Cómo nos preparamos para esta Cena?

Cada uno de nosotros tiene que prepararse personalmente para esta celebración si vamos a tomar el pan y el vino como debemos. Hay distintas maneras de prepararse. Primero: debemos meditar sobre el significado de la vida, muerte y resurrección de Jesús. A través de este tipo de reflexión y meditación en oración podemos extraer una fresca inspiración y aliento de su sacrificio por nosotros. Segundo: podemos meditar de nuevo en el mensaje de Cristo y en cómo estas buenas nuevas dan forma al vivir nuestro de hoy. Tercero: podemos explorar las diversas áreas de nuestras vidas que necesitan un cambio y mejoras a través del arrepentimiento. Por último: podemos orar por la fe que da el Espíritu para recibir los elementos de la Cena con un amor más profundo por Cristo y por los demás.[8]

Hay miles de oraciones escritas y ayudas devocionales que se pueden utilizar para asistir la propia remembranza de Cristo al llegar a esta mesa. A mi particularmente me gusta la antigua oración de Juan Crisóstomo, un gran predicador y teólogo del oriente cristiano, la cual expresa y resume casi todos los pensamientos que he ofrecido hasta este momento. Él escribió estas palabras para que todos orásemos cuando nos acercáramos a esta mesa:

Te alabamos y adoramos, la siempre bendita Trinidad, por la redención del mundo por nuestro Señor Jesucristo, y ahora venimos, oh bendito Salvador, para tomar y comer tu cuerpo, el cual fue quebrantado por nosotros. Venimos alegres a beber de la copa que es el nuevo pacto en tu sangre, la cual has derramado para la remisión de los pecados de muchos. Oh, misericordioso Jesús, crea en nosotros un hambre poderosa de este pan de vida, este pan que descendió del cielo. Permite que esta comida inmortal infunda en nuestras débiles y lánguidas almas nuevas provisiones de gracia, nueva vida, nuevo vigor, y nuevas resoluciones. Amén.[9]

¿Cuándo celebramos la Cena?

La Biblia no contesta una serie de preguntas que tenemos sobre la Cena. Una de las preguntas que se ha formulado más a menudo en el transcurso de los siglos tiene que ver con la frecuencia de la celebración. ¿Cuán a menudo debemos llegarnos a la mesa, y debe ello ocurrir sólo el primer día de la semana?

Pablo escribe en 1 Corintios 11:26: «Porque cada vez que comen este pan o beben de esta copa...». La frase cada vez parece una frase abierta. Significa simplemente que usted puede participar de la comida con tanta frecuencia como determinen la conciencia y la práctica común. Las iglesias difieren en sus costumbres, pero sabemos una cosa: Los primeros cristianos participaban de la Cena con mucha frecuencia. Es posible que en algunas condiciones la tomaran casi todos los días. Parece bastante obvio, cuando leemos los registros históricos, que al principio la tomaban cada Día del Señor. El consejo de Pablo no determina el número preciso de ocasiones en que la Iglesia debía tomar la comida, pero tampoco pone límites a la frecuencia de su celebración.

Un argumento corriente que he encontrado entre algunos protestantes evangélicos es que la celebración constante haría ordinaria o menos importante la Cena. Siempre he hallado débil este argumento, si no categóricamente espantoso. ¿Cómo puede usted recordar la muerte del Señor con demasiada frecuencia? El problema de hacer demasiado ordinaria la Cena puede residir en nuestros corazones, no en cuán a menudo nos llegamos a la mesa.

La otra verdad importante subrayada en el consejo de Pablo es que debemos proclamar «la muerte del Señor hasta que él venga». Esta comida encierra una perspectiva tanto pasada como futura. Debemos recordar regularmente la muerte del Señor. Pero también debemos mirar adelante, hacia su regreso, cuando ya no necesitaremos de esta comida que se repite con frecuencia para recordarnos la victoria del Cordero. Esta idea nos conduce a la gran «cena de las bodas del Cordero» (Ap 19:7), que tendrá lugar cuando todos los redimidos celebren la muerte y resurrección del Señor con él en el cielo.

UNA REMEMBRANZA ESPIRITUAL

El apóstol Pablo nos da una instrucción importante de tomar esta comida como un recordatorio espiritual apropiado:

> Así que cada uno debe examinarse a sí mismo antes de comer el pan y beber de la copa. Porque el que come y bebe sin discernir el cuerpo, come y bebe su propia condena. Por eso hay entre ustedes muchos débiles y enfermos, e incluso varios han muerto. Si nos examináramos a nosotros mismos, no se nos juzgaría; pero si nos juzga el Señor, nos disciplina para que no seamos condenados con el mundo.
> *1 Corintios 11:28-32*

El contexto de este consejo, frecuentemente incomprendido por los cristianos modernos, que temen haber cometido un pecado en particular que les impide llegarse a la Mesa del Señor, es sobre la unidad de la iglesia (vea 1 Co 10:17; 11:21). El gran pecado en Corinto era la forma en que la iglesia humillaba a los pobres en su seno. Los corintios acomodados parecen haber impedido que los menos afortunados celebraran diversas festividades. Este problema se trasfirió al contexto de la Cena del Señor. Su conducta era muy egoísta y una contradicción escandalosa dentro del significado de esta comida. Esta acción se iguala a lo que Pablo llama «menospreciar» a la iglesia de Dios en 1 Corintios 11:22. Lo que esto destaca no es el pecado personal, sino acciones y actitudes que apartan una persona de la comunión con todos los miembros de la congregación. Esta comida es una comunión con Cristo y de unos con otros. Es una comida de paz; por lo tanto, rehusar estar en paz a nuestros hermanos y hermanas es comer y beber «condena» para nosotros mismos. Dado el hecho de que el cisma y el orgullo infectan toda congregación sobre la tierra, la Cena del Señor es un momento señalado para la reconciliación y una comunión renovada. Aquí se concede la gracia del Señor para sanarnos y unirnos de nuevo a nuestro Señor y a unos con otros.

UNA COMUNIÓN REAL

Una de las diferencias de opinión que usted encontrará en los cuatro puntos de vista sobre la Cena del Señor que se presentan en este libro involucra el significado de nuestra comunión con Cristo junto a esta mesa. Hay espacio para la discusión de esta cuestión, pero parece haber poco espacio para diferir sobre un hecho particular: De alguna manera fraternizamos con Cristo en esta comida:

He aquí como la Biblia lo expone:

> Esa copa de bendición por la cual damos gracias, ¿no significa que entramos en comunión con la sangre de Cristo? Ese pan que partimos, ¿no significa que entramos en comunión con el cuerpo de Cristo? Hay un solo pan del cual todos participamos; por eso, aunque somos muchos, formamos un solo cuerpo.
>
> *1 Corintios 10:16-17*

Aquí la palabra «participación» es la traducción de koinonía, una palabra familiar para muchos lectores. Cristo está presente en esta Cena. Podemos debatir cómo él está presente, pero la enseñanza de 1 Corintios está clara en este punto. Y lo que leemos en los primeros registros del pensamiento cristiano fuera de las sagradas Escrituras demuestra que los cristianos creían en que el Cristo viviente tenía comunión o fraternizaba con su pueblo cuando ellos comían ese pan y bebían de esa copa. De alguna manera aquí ocurre más de lo que podemos procesar en nuestros cerebros. Aquí hay un misterio, sin duda. El intento de justificar este misterio no es correcto ni fructífero espiritualmente. Todo el que se debata con los cuatro puntos de vista que se discuten en este libro deseará mantener esto en mente mientras lee y reflexiona. Esta Cena renueva nuestra vida en Cristo y nos confirma la presencia del Espíritu Santo en nosotros mientras continuamos acercándonos cada día a Dios.

En esta Cena, los cristianos conmemoran la vida, muerte, y resurrección de Cristo. Debemos llegar en fe, buscando la comunión con Cristo en acción de gracias. Aquí hay mucho todavía que puede diferenciar la comprensión de un cristiano de la de otro, pero también mucho para alentarnos a participar activa y fielmente con reverencia. Esta es una razón por la que las temporadas de Comunión han sido a menudo de avivamiento en la historia del cristianismo. Aquí Dios ha venido a su pueblo, y el amor por Cristo se ha renovado en una temporada de refrigerio divino enviada por el Señor. Que ocurra de nuevo en nuestros días, mientras nos acercamos con humildad a Dios, quien nos dio su santa comida para mantenernos junto a Cristo nuestro Señor.

Notas: Introducción: Haced esto en memoria de mí

1. Donald Bridge y David Phypers: Communion: The Meal That Unites? (Wheaton, IL: Shaw, 1983), pp. 9-10.

2. Ibíd. p. 10.

3. Citado en «Reflections: Quotations to Stir Heart and Mind», Christianity Today (Junio de 2005), p. 54.

4. Robert H. Stein: «Last Supper», en Dictionary of Jesus and the Gospels, ed. Joel B. Green, Scot McKnight, y Howard Marshall (Downers Grove, IL: InterVarsity, 1992), p. 447.

5. Hugh Thompson Kerr: The Christian Sacraments (Filadelfia: Westminster, 1944), p. 94.

6. Vea Charles L. Wallis, ed.: The Table of the Lord (Nueva York: Harper & Brothers, 1958), p. 116.

7. Walter Lowrie, citado en Table of the Lord, p. 140.

8. Estas sugerencias proceden del folleto «What every Presbyterian Should Know about the Sacrament of the Lord's Supper» [«Lo que todo presbiteriano debe saber sobre e sacramento de la Cena del Señor»] (South Deerfield, MS: Channing L. Bete, 1984).

9. San Juan Crisóstomo, citado en Table of the Lord, p. 44.

Capítulo uno

EL PUNTO DE VISTA BAUTISTA

La presencia de Cristo como recordatorio

EL PUNTO DE VISTA BAUTISTA

La presencia de Cristo como recordatorio

Russell D. Moore

El novelista Flannery O'Connor participaba en una cena festiva cuando «la conversación se volvió hacia la Eucaristía». En respuesta a un comentario de la antes católica intelectual Mary McCarthy en el que dijo que ella pensaba en el pan de la Comunión como un símbolo muy bonito, O'Connor dijo: «Bien, si es un símbolo, al diablo con él».[1] Muchos cristianos pueden simpatizar con el bien pensado rechazo católico de un punto de vista «simbólico» de la Cena del Señor por parte de O'Connor. Si el pan y el vino son simplemente «símbolos» —de acuerdo con las normas de un logo contemporáneo— cuyo propósito es recordarnos un acontecimiento histórico relevante, entonces la Mesa del Señor no define del todo la identidad cristiana. Pero, por supuesto, esto no es en absoluto lo que los bautistas y otros en la amplia tradición de Zwinglio han querido decir cuando han afirmado que la Cena del Señor es una «comida recordatoria», o un mandato de Cristo. A fin de comprender el punto de vista bautista, debemos tener en cuenta el patrón bíblico de los signos, y cómo estos se relacionan con el papel de la proclamación para la creación y sostenimiento de la fe. Pero a fin de recuperar el significado del llamado punto de vista «recordatorio», se necesita algo más que solo comprenderlo. Las iglesias deben reclamar conscientemente la Cena del Señor como un aspecto central de la identidad de la iglesia en Cristo.

LA CENA DEL SEÑOR COMO SIGNO

Fundamentos bíblicos

El propio término recordatorio puede ser engañoso. Muchos cristianos contemporáneos se han irritado así por la idea de la Cena como un mero medio de recordación —impulsando aun a algunos bautistas a abrazar interpretaciones más sacramentales de la Cena.[2] Pero el histórico concepto bautista de la Cena del Señor sirve menos como «recordatorio» que como un signo; un signo que señala tanto hacia atrás como hacia delante. En el Antiguo Testamento, esta función del signo sirve como un «recordatorio» y una proclamación para las dos partes de un pacto —Jehová y su pueblo— de la promesa de Dios. El signo del arco iris del pacto de Noé, por ejemplo, servía para recordar a toda la nación sobreviviente que había sido preservada de la ira de Dios en el diluvio, y para recordarles que Dios había prometido no destruir más nunca su creación con agua. Pero el aspecto más significativo del arco era el «recordatorio» para el propio Dios: «Cada vez que aparezca el arco iris entre las nubes, yo lo veré y me acordaré del pacto que establecí para siempre con todos los seres vivientes que hay sobre la tierra» (Gn 9:16). Como teólogo, Michael Williams señala que el arco en el cielo es «un signo de la gracia de Dios en medio del juicio», un tratado de paz entre el Creador y los portadores de su imagen junto con la creación que están llamados a gobernar bajo su señorío.[3]

La naturaleza de signo de la Cena está en correspondencia entonces con el resto de los propósitos redentores de Dios en el canon, propósitos que a menudo están vinculados con el concepto del comer y la alimentación. En el jardín primaveral del Edén, el hombre y la mujer se sostenían con el fruto de los árboles, especialmente por el del Árbol de la Vida. Uno de los primeros y más específicos actos del señorío de Dios sobre la humanidad entrañaba lo que ella debía evitar al comer.[4] Después de su rebelión, ellos fueron separados del santuario del jardín, pero más específicamente del árbol que daba la vida.

En la redención de Israel de entre las naciones, Dios dio varios signos de que estaba a su favor, centrados en la acción de comer y alimentarse. La comida de Pascua indicaba que la presencia de Dios a favor de los israelitas. El Maná del desierto, junto a la provisión de agua y de codornices, demostró que Dios se preocupaba por su pueblo del pacto. Por otra parte, Dios prometió una futura restauración que incluía comer el pan y beber del vino. En su profecía del abatimiento por Dios del reino de la muerte, Isaías menciona que Dios preparará un banquete para todos los pueblos sobre el monte sagrado, una fiesta que incluirá «los vinos más finos» (Is 25:6). La fiesta mesiánica apunta incluso más allá del botín de Canaán, una tierra que «está llena de trigo y de mosto», cuyos «cielos destilan rocío» (Dt 33:28). Hablando del glorioso futuro que le aguarda al pueblo de Dios, Zacarías escribe: «Habrá paz cuando se siembre, y las vides darán su fruto; la tierra producirá sus cosechas y el cielo enviará su rocío. Todo esto se lo daré como herencia al remanente de este pueblo» (Zac 8:12). Con Israel restaurado: «El trigo dará nuevos bríos a los jóvenes, y el mosto alegrará a las muchachas» (9:17). Cuando en los últimos días se exalte del reino de David, anuncia Amós: «Los montes destilarán vino dulce, el cual correrá por todas las colinas» (Am 9:13), y la restaurada nación de Israel plantará «viñedos y beberán su vino» (v. 14).

Con la maldición sobre la tierra ahora levantada (Gn 3:17-18), el pueblo festejará, porque su Dios del pacto los alimentará, y lo hará sin mezquindad. Mientras que en los tiempos antiguos la gente trabajaba la tierra por pan y vino («Con penosos trabajos comerás de ella todos los días de tu vida» [Gn 3:17]), en el banquete mesiánico la propia tierra proveerá gozosa las provisiones del Dios del pacto.

La venida de Cristo promete el comienzo de esta nueva realidad. Jesús transforma el agua en vino en la fiesta de bodas, apuntando hacia una fiesta mayor que se aproxima (Jn 2:1-11). Él se identifica a sí mismo y a su pueblo con el vino de Dios (Jn 15: 1-8), una imagen anteriormente dada a la nación de Israel (Is 5:1-7; Jer 2:21), identificándose a sí mismo con la promesa de que la viña dará fruto algún día (Is 27:6; Gá 5:22-23). En Cristo, esta nueva era es una realidad, aunque una realidad velada que solo ven aquellos que tienen los ojos de la fe. Entonces la comida con que Jesús nos alimenta es un signo de un banquete escatológico, con la iglesia reconociendo el «ya» y añorando el «todavía no».

Todo esto se inscribe en el contexto de un esquema de guerra cósmica de la Escritura. La trama es una batalla entre la Serpiente y el hijo de Eva que mata al dragón (Gn 3:15; Ap 12), una guerra que tiene su origen en las primeras páginas de la historia bíblica. Ya desde los caminos justo fuera del Edén, la Serpiente asesina conduce a la Humanidad caída a derramar sangre, una muerte que, irónicamente, encuentra sus raíces en dos puntos de vista sobre el ritual de sacrificio. Caín le lleva a Jehová los frutos de la tierra, como si él no reconociera que ahora vivía en una era maldita. Abel el justo, sin embargo, reconociendo que algo está torcido, lleva delante de su Dios un sacrificio de sangre (Gn 4:3-5). En la Cena del Señor, tanto la restauración del Edén como el reconocimiento del pecado humano coinciden en una comida ritual que es de hecho el producto de la tierra, señalando quizás hacia atrás a nuestro pasado pre-carnívoro y a nuestro futuro post-carnívoro (Is 11:7), y simbolizando aun sangre derramada y un cuerpo mutilado, que apuntan al hecho de que siempre nos acercamos a nuestro Dios por medio de un Mediador (Ap 5:9-10).

El banquete de la Cena del Señor señala que, para la Iglesia, la guerra ha terminado, y que a pesar de eso todavía se desarrolla. Mientras que no todas las cosas en el mundo exterior han sido aun colocadas a los pies de nuestro Rey, nosotros hemos llegado a su reposo. Y mientras nos reunimos alrededor de esta mesa, él nos anuncia su victoria, señalándonos el día en que comeremos en la mesa desplegada para nosotros en presencia de nuestros enemigos (Sal 23:5). En este sentido, la Cena del Señor es la antítesis de un continuado sacrificio de Cristo. Es de hecho el signo de que el sacrificio ha sido aceptado de una vez por todas y que ahora compartimos los despojos de una crucifixión que aplastó la cabeza de la Serpiente. A este motivo de guerra se debe que Jesús asigne a la Cena tal significado real, aun en medio de un tumulto que se desarrolla contra principados y potestades. Después que celebra la Cena, Jesús anuncia a sus discípulos. «Ustedes son los que han estado siempre a mi lado en mis pruebas. Por eso, yo mismo les concedo un reino, así como mi Padre me lo concedió a mí, para que coman y beban a mi mesa en mi reino, y se sienten en tronos para juzgar a las doce tribus de Israel» (Lc 22:28-30). Inmediatamente después de esta declaración, Jesús prometió a Pedro que enfrentaría a Satanás, que deseaba destruirlo (v. 31), asegurándole a él y a nosotros que a través de Jesús el Reino prevalecería. Por medio de la comida en un banquete mesiánico, la Iglesia anuncia —no sólo para sí misma, sino para los principados y potestades (Ef 3:10)— que el Reino ha irrumpido, que el nuevo orden amanece, y que los gobernantes de esta era están siendo expulsados. Eso es más que un símbolo: es un signo.

Implicaciones contemporáneas

El aspecto de signo de la Cena del Señor se opaca a menudo en las iglesias contemporáneas; y no sólo en aquellas que sostienen el punto de vista zwingliano/bautista de la Cena como una comida recordatoria. Con frecuencia esto tiene tanto que ver con la idiosincrasia de la Cena como con cualquier enseñanza relativa a ella. A menudo los servicios de la Cena del Señor se caracterizan por una atmósfera de funeral, complementada por una sombría y ronroneante música de órgano mientras los ministros o diáconos distribuyen los elementos a la congregación,. A veces se lleva a la congregación a creer (si no por otro motivo que la omisión de la enseñanza pastoral) que el propósito de la comida es hacer que la gente ponga cara de embrollo y trate de sentir pena por Jesús. Esto está frecuentemente acompañado por un intento psicológico de meditar sobre el dolor físico de los sufrimientos de Jesús; un énfasis que tiene un bajo relieve en el propio texto bíblico.

A fin de recobrar un modelo bíblico de la Cena del Señor, las iglesias necesitan no aceptar una comprensión sacramental tácita de la «real presencia de Cristo» en los elementos del pan y el vino. En su lugar, deben recuperar la visión escatológica del banquete mesiánico; y buscar recobrar la alegría y el triunfo de este evento dentro de sus propias iglesias. Esto significaría que la Cena del Señor estaría caracterizada por más cánticos de celebración, y con una mayor entonación aun que el resto del servicio. Se enseñaría a la congregación a comprender que la Cena es un manjar de victoria, que anuncia el triunfo de Cristo sobre los poderes de Satanás, el pecado y la muerte. Al mismo tiempo, la Cena debe mantener la seriedad del momento, mientras la congregación reconoce que está realizando un signo de nuestra liberación por Dios de la esclavitud a través de Cristo; el signo de un nuevo pacto que está dirigido no sólo a los demás creyentes, sino al propio Dios, a los gobernantes demoníacos invisibles, y aun a los no creyentes, que pueden maravillarse desde afuera ante el significado que nosotros hallamos en este antiguo rito.

LA CENA DEL SEÑOR COMO PROCLAMACIÓN

Fundamentos bíblicos

La función de la Cena como proclamación es particularmente intensa en el antiguo pacto precursor de la Cena del Señor: la comida de Pascua. Jehová libra al pueblo de Israel de la maldición del primogénito por medio de un sacrificio vicario: la muerte de un cordero. Después les ordena continuar con la comida como un estatuto; un recordatorio por la liberación de la maldición que cayó sobre Egipto (Éx 12:43-50). El propósito de la comida es explícitamente conmemorativo. Se les dice a los israelitas cómo responder cuando las generaciones futuras pregunten lo que significa la comida: «Les responderán: "Este sacrificio es la Pascua del Señor, que en Egipto pasó de largo por las casas israelitas: Hirió de muerte a los egipcios, pero a nuestras familias les salvó la vida"» (12:27). Pero la comida no apunta simplemente hacia atrás. Jehová le recuerda al pueblo que ellos continuarán celebrando la Pascua cuando sus hijos estuvieran en la tierra prometida. Al hacer esto, el Dios de Israel quiso decir que él mantendría su pacto para multiplicar la nación y conducirlos dentro de la tierra de la que fluía leche y miel. No obstante, la comida debía incitar a la comunidad israelita a adorar a la luz del acto redentor de Jehová (v. 27: «los israelitas se inclinaron y adoraron»). Como observa un comentarista: «Las celebraciones anuales de la Pascua, entonces, fueron un constante llamado a Israel a mirar hacia atrás y nunca se propusieron ser otra cosa sino una fiesta por la "Salida de Egipto", una conmemoración de su liberación y redención».[5] La fiesta continuaría aun después de la conquista de la Tierra Prometida, para recordarle al pueblo de Israel a perpetuidad que ellos eran un pueblo redimido.

No es una casualidad que la primera Cena del Señor fuera una comida de Pascua. Lucas nos dice específicamente que esta tuvo lugar «el día de la fiesta de los Panes sin levadura, en que debía sacrificarse el cordero de la Pascua» (Lc 22:7). No es casual que la institución de la comida coincidiera con la Pascua, pues Jesús explícitamente la llamó la comida de Pascua, una identificación que Mateo repite retrospectivamente (Mt 26:18-19). Repito, exactamente como con la comida de Pascua, Jesús vincula el significado de la comida con su función como proclamación. Si Jesús se propuso sugerir que los elementos del pan y el vino eran literalmente su cuerpo y su sangre, ciertamente evita la obvia cuestión de cómo entonces los discípulos ven aun su cuerpo delante de ellos, en ese momento ni quebrantado ni desangrado. Pero él sugiere que el pan y el vino funcionan como señales del pacto (Lc 22:20), y que los discípulos debían hacer «esto en memoria de mí» (Lc 22:19). Sin embargo, Jesús apunta hacia delante, al banquete mesiánico futuro, al señalar que él no comería ni bebería con sus discípulos «hasta que no tenga su pleno cumplimiento en el reino de Dios» (Lc 22:16).

Entonces, parece que para Jesús la institución de la Cena del Señor funcionaba para la comunidad israelita del nuevo pacto igual que como lo había hecho para la comunidad israelita del antiguo pacto. Sí, la comida fortaleció la fe, pero lo hizo a través del signo visible de la promesa de un pacto invisible: la promesa del reino de Cristo. Entonces, la cuestión no es si la Cena del Señor es un medio de gracia sino cómo funciona como un medio de gracia. De hecho la Cena funda, afianza y establece la fe cristiana; pero lo hace por medio de la proclamación de la redención cumplida de Cristo y la promesa del reino por venir. En este sentido, el comer y beber de la Cena del Señor crea fe dentro del cuerpo, y esto es análogo a la proclamación verbal de la palabra de verdad. La fe de la iglesia se establece a través de la predicación del evangelio; una proclamación que incluye el comer del pan y el beber del vino.

Esto llega a la verdadera definición de la propia fe. En un pasaje identificado por varios grupos cristianos como eucarístico, Jesús sostiene que sus discípulos tienen que «comer la carne del Hijo del hombre» y beber «su sangre» (Jn 6:53-55). Equiparar este alimentarse de Cristo con el acto físico de consumir los elementos de la Cena del Señor confunde el contexto del evento y oscurece la fuerza de la enseñanza de Jesús. Inmediatamente después de alimentar a la multitud de los cinco mil, Jesús se identifica a sí mismo como el verdadero pan que baja del cielo, como algo distinto al maná del desierto. Entonces señala a la multitud el tema de la creencia, una creencia que incluye mirar hacia y creer en Jesús como Mesías y Señor (Jn 6:40). En el acto de alimentar, Jesús ilumina el verdadero significado de la propia fe y por lo tanto de la proclamación del Evangelio.

A partir del Edén, los apetitos permanecieron como un defecto fatal de la humanidad, especialmente el rechazo a confiar en Dios para las provisiones de comida y bebida. Noé, el fundador de una nueva humanidad después del diluvio, se emborrachó con vino (Gn 9:21). Esaú desechó sus derechos de primogénito a causa del apetito por un guiso (Gn 25:33-34), un patrón que el Nuevo Testamento advierte a los creyentes no imitar (He 12:16-17). De hecho, el apóstol Pablo acusa a los incrédulos, especialmente a los falsos maestros dentro de la iglesia, porque están gobernados por los apetitos, personas cuyo «dios es el vientre» (Fil 3:19, RVR). Los israelitas murmuraban en el desierto que Dios no los favorecía, específicamente porque no creían que les daría de comer (Nm 11:4-5). En la tentación (Mt 4:2-4), Jesús demuestra confianza en el Padre, mientras Israel mostraba desconfianza, al rehusar comer la comida de los demonios, confiando en su lugar que viviendo según toda palabra que sale de la boca del Padre él obtendría «una buena tierra... tierra de trigo y cebada, de vides, higueras y granados; tierra de olivos, de aceite y de miel» (Dt 8:7-9).[6] Cuando la iglesia se alimenta con el pan y el vino dados por Cristo, nos confesamos unos a otros, trayendo fe dentro de la iglesia, que el Dios que nos sacó de la esclavitud ahora nos dice: «Abre bien la boca, y te la llenaré» (Sal 81:10).

Implicaciones contemporáneas

La primera forma en que la iglesia puede incorporar un entendimiento más bíblico de la Cena del Señor como un evento de proclamación es restaurando la Cena al ritmo bíblico de la vida de la congregación. El patrón ordinario de la Cena registrado en el libro de los Hechos es una observancia semanal (Hch 2:42), acompañada por la predicación del evangelio, la oración, y la comunión del cuerpo. A menudo las iglesias descuidan la Cena —observándola trimestralmente, o aun con menos frecuencia— debido al temor de que se la pueda ver como sacramental, o, a la inversa, que esto insensibilizará a la congregación hacia el significado del ritual. Si la Cena es una proclamación del evangelio dirigida a promover y fortalecer la fe de los creyentes, ¿cómo un evento como ese puede convertirse en una rutina? La clave de esta cuestión no es tanto un temor evangélico de tendencias sacerdotales, como una ignorancia evangélica del papel de la predicación del evangelio para el creyente. Los evangélicos comprenden que el evangelio es «poder de Dios para... salvación» (Ro 1:16) en el momento de la conversión. Lo que a menudo no comprendemos es que este mismo evangelio es lo que mantiene a los creyentes en la fe, haciéndolos progresar de conformidad con la imagen de Cristo. Por tanto, con demasiada frecuencia nuestras prácticas de la Cena del Señor son tan ambiguas simplemente porque no estamos seguros de cómo predicar el Evangelio a los creyentes. Creemos que el mensaje de Juan 3:16 es demasiado elemental, por eso continuamos con «los consejos prácticos» de las Escrituras. Y aun así la Biblia nunca prevé una iglesia de creyentes que no sean alimentados constantemente por el evangelio del Cristo crucificado, tanto a través de la predicación verbal como por medio de las ordenanzas.

Una orientación como esa necesitará que los pastores y líderes de la iglesia expliquen el significado de la Cena, tanto para los miembros antiguos como en beneficio de aquellos que vengan de trasfondos más sacramentales. La Cena del Señor nunca debe ser un reparo tardío, algo añadido al final del servicio, quizás después del número musical de un coro juvenil visitante. En lugar de ello, la Cena debe requerir el mismo patrón de la Pascua y la institución de la Cena por Jesús: una explicación del acto redentor de Dios seguido por la promulgación de la redención en la comida. Se debe llamar a los pecadores para que vean en el pan y en el vino su propia crucifixión a través de la crucifixión de Cristo, en cuya vida están escondidos (Col 3:3). Debe ser una oportunidad para presentar a los pecadores la evidencia tangible de que sus transgresiones son perdonadas. Imagine, por un instante, a un pastor que al comienzo de la Cena reconforte a las mujeres de la congregación que se han hecho abortos en su pasado diciéndoles que confíen en Cristo, cuyo cuerpo fue dado y cuya sangre fue derramada por la remisión de todos sus pecados, incluyendo este que no se atreve a mencionar.

En este sentido, la Cena de sangre y carne nos conduce a confesar en fe nuestros pecados y a descansar en Cristo. Ella sirve para hacernos admitir que nos acercamos a Dios a través de un velo de sangre y muerte; no nos erguimos delante de él con nuestra propia justicia garantizada. En este sentido, somos similares a nuestros viejos antepasados del pacto, a quienes se les recordaba que eran pecadores reconciliados con dios a través de la inmolación de cabras y becerros. Nuestro comer del pan y beber del vino no son sacrificios —precisamente porque no podemos repetir el infinito sacrificio de Jesús— pero nos señalan hacia atrás a la verdad de que llegamos a Dios ahora solo debido a un juicio que cayó sobre nuestro Rey en el Gólgota. En 2004 el realizador Mel Gibson estrenó su película La Pasión del Cristo, un proyecto ridiculizado por los críticos como sádico y sangriento. Y aun así la película, con sus intensas descripciones del sangriento sacrificio de Cristo, resonó en las audiencias cristianas —especialmente los evangélicos protestantes— a lo largo de los Estados Unidos. ¿Pudo ser esto así para muchos cristianos porque esta película les recordó que la suya era una religión sangrienta, una verdad demasiado tiempo oscurecida en nuestras iglesias, excepto en presentaciones evangelísticas ocasionales a no creyentes? ¿Pudiera ser que esta añoranza en las audiencias evangélicas sea el resultado de la pérdida de la Cena del Señor como una proclamación robusta y significativa de la sangrienta muerte de nuestro Cristo?

Mientras la Cena funciona como proclamación, la presencia de Cristo en el Espíritu que mora adentro no solo asegura perdón a través de la Palabra; también nos hace conscientes de normas no bíblicas de vida y pensamiento. La Cena tiene que ser explicada verbalmente por pastores y líderes eclesiásticos para que denote que la iglesia renueva sus compromisos de buscar primero el reino de Dios, sabiendo que solo en él podemos encontrar nuestro pan cotidiano. Esto es especialmente importante en la sociedad norteamericana tan llena de consumismo, materialismo, y riqueza que estamos plagados de problemas con la comida, problemas que van desde la obesidad infantil a la anorexia juvenil y a la bulimia de los entrados en años. Jesús habló de niños que pedían pan a sus padres y no se les daban piedras (Mt 7:9). Demasiado a menudo en nuestra cultura de autosuficiencia, los niños nunca tienen que pedirles pan a los padres; simplemente toman otro pedazo del aparador. La Cena del Señor puede servir como un correctivo evangélico muy necesitado para todos nosotros, recordándonos, a través de la fe, que no somos sino niños hambrientos que rechazan los manjares del Maligno mientras esperamos que nuestro Padre nos alimente hasta que no queramos más.[7]

LA CENA DEL SEÑOR COMO COMUNIÓN

Fundamentos bíblicos

El apóstol Pablo funda el significado de la Cena en la nueva identidad del pacto como cuerpo de Cristo. El problema de no «discernir el cuerpo» en la iglesia de Corinto es que la iglesia no reconocía cómo la Cena los distinguía a ellos del mundo de los condenados (1 Co 11:29-32). Para Pablo, el asunto no es una cuestión metafísica sobre la composición secreta de los elementos. Antes bien, él, como Jesús, apunta a la remembranza y la promesa. El pan y la copa son signos de remembranza de la expiación (1 Co 11:24-25) y apuntan a la venida del Reino (1 Co 11:26). No hay duda de que en la Cena comulgamos uno con el otro y con Cristo. La cuestión es cómo. El apóstol Pablo no intenta enseñar que los elementos se convierten físicamente en el cuerpo y la sangre de Cristo; tampoco intenta enseñar que los creyentes son transportados espiritualmente a los lugares celestiales para comulgar con Cristo. En lugar de ello, parece que el Nuevo Testamento asume que Cristo está siempre presente con su pueblo (Mt 28:20), orgánica y místicamente unido a su iglesia como una cabeza está unida a su cuerpo (Ef 5:23).

En la Cena experimentamos la presencia de Cristo a través de la proclamación de que Cristo está unido con su pueblo, la iglesia. Nosotros, por medio de la fe, confesamos la identidad del pueblo de Dios y nuestra unión con el Mesías crucificado. Repito: hay continuidad con un aspecto de la cena pascual del Israel del antiguo pacto. El erudito bíblico Peter Craigie lo dice de esta manera: «Después del éxodo y la formulación del pacto en el Sinaí, Israel se convirtió en una sola nación, la familia de Dios; por lo tanto la Pascua se convirtió en el acto, hablando simbólicamente, de la gran familia de Dios, celebrada en el lugar donde el santuario o casa de Dios estaba localizada».[8] La Cena del Señor identifica la presencia de Dios en el templo, en su nuevo santuario, la iglesia.

A través de la Cena del Señor, entonces, la iglesia celebra un banquete, específicamente porque reconocemos la presencia de Cristo. En la tentación del desierto, Jesús rehúsa comer porque Dios le dará un pan escatológico (Mt 4:2-4). En la Cena confesamos que Dios nos ha alimentado a través del cuerpo quebrantado y la sangre derramada de su Mesías. Jesús nos dice que los invitados a una fiesta de bodas ayunan cuando el novio está lejos pero que festejan en su presencia (Mt 9:14-15). La comunidad del Reino festeja porque nuestro Cristo está siempre con nosotros, aunque su presencia no es todavía evidente para el mundo que observa.

Esta es la razón por la cual algunos en la iglesia de Corinto fueran culpables de «pecar contra el cuerpo y la sangre del Señor», al no «discernir el cuerpo» y por lo tanto comer y beber condenación para sí mismos (1 Co 11:27, 29). La cuestión no era que ellos no reconocieran alguna realidad metafísica dentro de los elementos; ni tampoco que no fueran transportados a otra esfera espiritual. El problema era más bien que había divisiones dentro del cuerpo (v. 18). Aquella gente utilizaba la Cena para alimentar sus apetitos individuales en lugar de ocuparse unos de otros (vv. 20-21). Este tipo de pelea por adelantarse unos a otros para llenar el vientre propio, significa que la Cena «no es la Cena del Señor lo que comen» sino algo completamente diferente. Se repudian las divisiones dentro del cuerpo, anota Pablo, debido a la manera en que la Cena conforma la identidad del pueblo de Dios. Inmediatamente después de señalar que el pan partido es «una participación en el cuerpo de Cristo» (1 Co 10:16), Pablo prosigue y explica identificando este cuerpo con la misma iglesia: «Hay un solo pan, del cual todos participamos; por eso, aunque somos muchos, formamos un solo cuerpo» (v. 17).

El pan, nota el apóstol, «ese pan que partimos» es el cuerpo de Cristo y «esa copa... ¿no significa que entramos en comunión con la sangre de Cristo?» (1 Co 10:16). ¿Pero como es esto de esta manera? De la misma manera que comer comida sacrificada a los ídolos significa entrar «en comunión con los demonios» (v. 20). No es que la comida en sí misma encierre la presencia real de los seres demoníacos; tampoco que los que comen sean transportados al reino de los demonios para entrar en comunión con ellos. Antes bien, los que comen esta comida pagana participan en el consumo de un sacrificio destinado a exaltar e identificar a los demonios que se disfrazan de dioses (cf. Dt 32:32-33). Es de esta manera que los creyentes establecen «comunión» con Cristo: a través de la presencia de su cuerpo, la iglesia. Por lo tanto, comer la Cena apunta hacia atrás a las imágenes del Antiguo Testamento sobre la «confraternidad» del adorador con Dios a través de la comida del sacrificio, una comida cuya carne consume realmente el adorador. La idea de compartir una comida como manera de tener comunión, tal como señala el especialista bíblico Mark Rooter: «Arroja luz sobre la advertencia de Pablo en 1 Corintios 10:18-22 de que la participación en un sacrificio ofrecido a un ídolo o un demonio es en efecto una forma de tener comunión con él».[9]

Esa es también la razón por la cual el apóstol Pablo vincula la Cena del Señor a la disciplina de la congregación. El hombre inmoral debe ser separado de la comunidad; específicamente en términos de impedirle comer con la congregación (1 Co 5:11). ¿Por qué? El apóstol apunta una vez más a la simbología de la Pascua (vv. 6-7), tanto en términos del pan sin levadura como en términos del cordero de la Pascua sacrificado. Como la comida define al pueblo de Dios, el que rehúsa arrepentirse es entregado a Satanás, al mundo de afuera; el mundo que está a la espera del juicio (vv. 5, 12-13). De esta manera, la congregación «reconoce el cuerpo» de Cristo al definir las fronteras de la comunión en la mesa en términos de aquellos que están en unión con Cristo. Al hacerlo, la iglesia reconoce por fe aquello de lo que Jesús una vez acusó a sus interlocutores de ignorar: «Les digo que muchos vendrán del oriente y del occidente, y participarán en el banquete con Abraham, Isaac, y Jacob en el reino de los cielos» (Mt 8:11). Esta es una razón por la cual el partimiento del pan entre los judíos y los gentiles era un aspecto tan crucial de la unidad en la iglesia primitiva.

Implicaciones contemporáneas

A menudo el rechazo del punto de vista de «recordatorio» de la Cena del Señor tiene menos que ver con el punto de vista en sí mismo que con el enfermizo individualismo occidental con que se reviste. Parece que si la Cena del Señor es un «recordatorio» o hasta un signo del futuro, esta debe ser necesariamente un acto individual, destinado simplemente a hacer que el individuo ejercite su cognición de una manera más santa. Este no es, por supuesto, necesariamente el caso. De hecho, se ha visto que los puntos de vista alternativos son tan vulnerables como el individualismo americano; como se evidencia en las iglesias católicas romanas, en las cuales los comulgantes se alinean para la Eucaristía y sus bendiciones sacramentales sin siquiera haberse conocido nunca.

La necesidad de un enfoque comunitario alrededor de la mesa no puede, sin embargo, ser erradicado. Las iglesias bautistas que celebran una breve «comunión» cada tres meses todavía tienen esta necesidad de una Cena del Señor verdaderamente comunitaria. A menudo esas iglesias buscan llenar esta necesidad de una comida comunitaria con un desayuno dominical o un café con donuts antes de la escuela dominical o un almuerzo después de los servicios en un restaurante de la localidad. Estos momentos de comunión son cruciales, pero no pueden ocupar el lugar de la Cena que Jesús nos ha dado. Parte del problema es la forma individualizada en que presentamos los mismos elementos. La mayoría de las iglesias bautistas contemporáneas—y muchas otras iglesias protestantes—distribuyen pequeños pedacitos de pan del tamaño de una goma de mascar y vasitos de jugo del tamaño de un dedal. Esta práctica la han ido individualizando cada vez más las compañías que venden a las iglesias «juegos de Comunión desechables»: un contenedor plástico lleno de jugo con una oblea envuelta en celofán encima (ideal, se nos dice, para los retiros veraniegos de grupos universitarios en las montañas).

Esta práctica anula la fuerza del énfasis del Nuevo Testamento en una copa común y un pan común, los cuales significan la unidad de la congregación en Cristo. Esto también mitiga el significado de la Cena como una cena, como una comida. El significado de la Cena recorrería un largo camino hacia la recuperación en nuestras iglesias si pidiéramos a la congregación que partiera unida el pan y bebiera la copa de una copa común de vino, prácticas que habrían sido comunes en las comunidades tempranas del Nuevo Testamento. Algunos se abstendrían de esa práctica, sin duda, por temor a enfermedades o incomodidad con un contacto tan cercano con los demás. Pero ese es precisamente el tipo de individualismo americano que es erradicado por el énfasis evangélico en la iglesia como la familia de Dios, una familia unida por medio del Espíritu. Mientras alentamos a la congregación a comer unida alrededor de la mesa de Cristo, la llamamos a la fe, pidiéndole que reconozca y dé la bienvenida a la presencia de Cristo, no en los elementos ni en los cielos sobre ella, sino en el cuerpo que él ha llamado a juntarse, la asamblea que él gobierna y protege todavía como Rey. Solo entonces comprenderemos lo que significan las Escrituras del Nuevo Testamento cuando nos llaman a «confraternizar». Quizás si recuperamos el enfoque comunitario de la Cena del Señor, tengamos cada vez menos necesidad de que los expertos en resolución de conflictos, y otros, «consulten» con nuestras congregaciones para aliviar las divisiones entre los congregantes. Después de todo, para el apóstol Pablo, el punto de partida para la unidad de la iglesia era la mesa en común. Puede que lo sea una vez más.

Al mismo tiempo, la recuperación de la Cena del Señor necesita la recuperación de la disciplina de la Iglesia. Las dos son inseparables en el Nuevo Testamento y, si la Cena va a lograr una verdadera fraternidad en el Espíritu, estas dos cosas deben ser inseparables una vez más. A menudo en nuestra cultura eclesiástica contemporánea el hecho de apartar a un miembro de la mesa parece arcaico o aun insignificante. Después de todo, ¿a quién le importa si se le priva de un pedacito de pan y una salpicadura de jugo? Sin embargo, si la mesa se ve de nuevo como el centro de la comunión de la Iglesia, como el lugar donde sentimos a Cristo presente el uno en el otro alrededor de la mesa de un banquete que inauguró una fiesta, lo que rodea a la mesa adquiere un tono muy diferente, y mucho más bíblico. Si la identidad de la presencia de Cristo en «los hermanos» se ve por aquel a quien se admite a la Mesa del Señor, entonces comprenderemos la importancia de la Iglesia mucho más que si simplemente vemos el pan y el vino como un ritual indefinido; algo que hacemos porque Jesús nos lo dijo, aunque no podamos recordar exactamente por qué.

El nexo de la disciplina eclesiástica y la Cena del Señor está ligado entonces a militar en contra de la veta individualista del evangelismo contemporáneo. Esto significa que las iglesias tienen que discutir, por ejemplo, el significado del bautismo como la demarcación fronteriza para la Iglesia; hay iglesias que creen en una membresía eclesial regenerada y que afirman ese estado en el credo del bautismo aunque esa afirmación se vea como sectaria por aquellos que preguntarían: «¿Así que ustedes no admitirían al teólogo presbiteriano Jonathan Edwards a la Mesa del Señor?». Irónicamente, esas discusiones no significarían más división en la iglesia sino menos. Las iglesias que reconocen la importancia de la ordenanza del bautismo y de la Cena del Señor para la identidad cristiana tienen más oportunidades para lograr la unidad que las iglesias que buscan encontrar la unidad en manifiestos cuidadosamente escritos o en conferencias de prensa cuidadosamente orquestadas.

CONCLUSIÓN

La Cena del Señor va más allá de cómo vemos un ritual de la iglesia cristiana. Más bien, nuestro punto de vista de la Cena afecta y explica cómo pensamos sobre las realidades más básicas de nuestra común fe cristiana. En 1832, Ralph Waldo Emerson renunció como ministro unitario porque no podía administrar el pan y el vino, pues su religión era enteramente espiritual y no material. El historiados John Lukacs arguye que la espiritualidad antimaterialista de Emerson, que se observa en su visión de la Cena, representó una tendencia del liberalismo protestante que al final llevó a la amplia aceptación del darwinismo. Después de todo, el cristianismo era «espiritual» y «conmemorativo», no terrenal ni físico.[11] Este tipo de seudo-gnosticismo erosiona el cristianismo en su verdadera médula.

Es este tipo de cristianismo «espiritual», anti-material, el que en una ocasión enfureció a Flannery O'Connor. Pero las alternativas no son meramente una comprensión metafísica de la «presencia real» o la idea de que la Cena es «solo un símbolo». La Cena del Señor no es solo un símbolo, igual que el relato del evangelio no es «solo una historia». El evangelio, presentado en una declaración verbal o en la mesa de la comida mesiánica, apunta a algo que da sentido a toda realidad; de hecho, la realidad a la cual apunta todo lo demás. A fin de reclamar el lugar central de la Mesa del Señor, tenemos que reconocer de nuevo lo que significa una confraternidad de creyentes, unida a través del Espíritu alrededor de un Mesías crucificado y triunfante. Es verdad, en un sentido, «el reino de Dios no es cuestión de comidas o bebidas» (Ro 14:17). Pero tenemos que recordar que, en otro sentido, los sonidos del reino de Dios no son los de un silencio cósmico espeluznante, sino el murmullo de voces, el tintinear de copas, y el rasgado de pan.

UNA RESPUESTA REFORMADA

I. John Hesselink

Es alentador ver a Russell Moore descartar de inmediato una interpretación protestante demasiado popular de la Cena del Señor como algo simplemente simbólico. Los bautistas y otros de la «amplia tradición de Zwinglio» (cualquier cosa que eso signifique), nos dice él, creen que el sacramento no «nos hace recordar meramente un evento significativo» (p. 29). Sin embargo, más adelante en el capítulo la posición que se asume respecto a la Cena es problemática desde un punto de vista reformado, para no mencionar el católico y el luterano.

No obstante, cuando Moore afirma que «el histórico concepto bautista de la Cena del Señor sirve menos como un "recordatorio" que como un signo; un signo que apunta tanto hacia atrás como hacia delante» (p. 30), eso nos lleva a un reclamo.[1] La subsecuente explicación bíblica, que abarca la mayor parte del capítulo, es interesante y útil, pero no clarifica cómo los signos en la Cena del Señor se relacionan con aquello que indican. La exposición bíblica concluye con las declaraciones: «Por medio de la comida en un banquete mesiánico, la Iglesia anuncia... que el reino ha irrumpido, que el nuevo orden amanece, y los gobernantes de esta era están siendo expulsados« . Y entonces: «Eso es más que un símbolo: es un signo (p. 32).

Bien, pero ¿un signo de qué? ¿Simplemente de la «visión de un banquete mesiánico escatológico» (p. 33)? El énfasis escatológico y el acento en la naturaleza gozosa y triunfal del sacramento son saludables. No obstante, la pregunta permanece: ¿Qué sucede en la Cena del Señor? Moore declara: «A fin de recuperar un modelo bíblico de la

Cena del Señor, las iglesias no necesitan aceptar una comprensión sacramental tácita de la "presencia real de Cristo" en los elementos del pan y el vino» (p. 33). Entonces sigue la afirmación: «En su lugar, deben recapturar la visión escatológica del banquete mesiánico». Esto suscita otra pregunta: ¿Apunta la Cena sólo hacia una celebración futura?

La discusión que sigue abunda en las celebraciones de la Pascua, que fue un antecedente de la celebración de Jesús de la Última Cena con sus discípulos. Entonces, el pan y el vino «funcionan como señales del pacto» (p. 34), y consecuentemente la comida es «un signo visible de la promesa de un pacto invisible; la promesa del reino de Cristo» (p. 35). El propósito principal de toda esta sección, sin embargo, es que la función de la Cena del Señor es la proclamación. No obstante, es significativo que esta proclamación se refiera a un evento pasado —la redención de Cristo— y a un evento futuro, la promesa del Reino. De manera que otra vez la pregunta se mantiene: ¿Qué ocurre en el presente? Note que, para Moore, la Cena como «proclamación del evangelio» «está destinada a promover y fortalecer la fe de los creyentes» (p. 36). Ella también nos «conduce en fe a confesar nuestros pecados y a descansar en Cristo» (p. 37). En cierto momento, Moore habla de la «presencia de Cristo», pero no en la participación de la Cena del Señor sino «en el Espíritu que mora adentro» (p. 38); una vaga y curiosa expresión.

Lo que se concluye al final es una presencia general de Cristo en la Iglesia: «Nosotros, por medio de la fe, confesamos la identidad del pueblo de Dios y nuestra unión con el Mesías crucificado» (p. 39). Y «la comunidad del Reino festeja porque nuestro Cristo está siempre con nosotros» (p. 39). Todo esto es verdad, pero no hay nada exclusivamente sacramental en todo esto. También Calvino enfatizó el papel del pacto, la muerte sacrificial expiatoria de Cristo, y nuestra unión de fe con Cristo, pero él no se detuvo ahí. Para Calvino (y Lutero y Aquino), participar en la Cena del Señor trae algo adicional a la mesa, algo que no se experimenta simplemente por medio de la proclamación de la Palabra ni la fraternidad de la comunidad del pacto. Es una comunión misteriosa y milagrosa con la carne y la sangre de nuestro Señor Jesucristo; y eso es lo que hallo que falta en la presentación de Moore.

Pese a todos estos reparos, todavía encuentro algo que puedo confirmar, por encima de todo el trasfondo bíblico y el énfasis escatológico. En nuestra propia liturgia de la Cena del Señor decimos al unísono: «Cristo ha muerto. Cristo ha resucitado. Cristo vendrá otra vez». La sección sobre el significado del sacramento comienza con las palabras siguientes: «Amados en el Señor Jesucristo, la Santa Cena que estamos a punto de celebrar es una fiesta de recordación, de comunión, y de esperanza». Entonces, cada uno de estos temas se desarrolla en un párrafo completo. Los mismos temas aparecen en la oración antes de la Comunión. Tales recordatorios deben impulsar una experiencia más festiva de la Cena.

También concuerdo en que idealmente debía haber un pan común y una copa común en la celebración de la Cena. En la mayoría de nuestras congregaciones esta no es la práctica, pero en el Seminario Occidental, en el que celebrábamos el sacramento cada viernes, pasábamos un pan y entonces mojábamos la porción que habíamos tomado del pan en la copa que pasábamos de uno a otro. Cuando cada persona entrega el pan y después la copa a la siguiente persona, dice: «El cuerpo de Cristo partido por ti», y «La sangre de Cristo derramada por ti». El servicio concluye con una oración y un himno de acción de gracias. Esta es una conclusión adecuada para cualquier servicio de Comunión, pues la Eucaristía, entre otras cosas, es también eucaristía (acción de gracias) por el don de Dios de la salvación en Jesucristo.

UNA RESPUESTA LUTERANA

David P. Scaer

Ofrecer estos capítulos desde distintas perspectivas ilumina no solo las diferencias históricas no resueltas, sino áreas en las cuales una tradición puede enriquecer la de los demás. Mi esperanza es que nuestra discusión no reitere simplemente las diferencias de la era de la Reforma, pero Russell Moore abre esta puerta proponiendo el punto de vista de Zwinglio como la posición bautista. Esto retrotrae la cuestión al impasse en el Coloquio de Marburgo de octubre de 1529, en el cual Ulrico Zwinglio y Martín Lutero no pudieron ponerse de acuerdo sobre la Cena del Señor. A los reformadores luteranos se les pidió que toleraran los puntos de vista de Zwinglio, de manera que los príncipes pudieran formar un frente común contra los ejércitos del emperador y el papa, que intentaban erradicar sus reformas. A pesar de la amenaza, Lutero no capituló ante el punto de vista de Zwinglio sobre el carácter de recordatorio de la Cena del Señor.

Esto era solo la punta del témpano. El acuerdo sobre los primeros catorce y las primeras dos partes del artículo de fe quince probó ser superficial, especialmente sobe Cristología. Zwinglio estaba bajo la influencia del renacimiento humanista, con su reanimación del Neoplatonismo, el cual no permitía que la naturaleza humana de Cristo abarcara su naturaleza divina ni que se reconociera el pan sacramental como su cuerpo. En las iglesias reformadas, incluyendo las bautistas o seudobautistas, el punto de vista de Zwinglio de que Cristo está presente en la Cena del Señor por la vía de la memoria existe paralelamente a la creencia de Calvino de que Cristo está presente espiritualmente. A pesar de sus diferencias, Zwinglio y

Calvino concordaban en que los elementos no se podían identificar con el cuerpo de Cristo.

Desde Marburgo, los reformados habían buscado el reconocimiento luterano tanto de los puntos de vista de Zwinglio como de Calvino, pero las iglesias de confesión luterana no habían reciprocado. El reconocimiento de la posición de Zwinglio de que la Cena del Señor es poco más que una comida recordatoria y un signo sería una rendición de la creencia luterana de que los elementos del pan y el vino se convierten en el cuerpo y la sangre de Cristo en este sacramento.

Los luteranos pueden concordar con Russell Moore en que la Cena del Señor es un recordatorio, un signo, y una proclamación, dentro de la constelación de otros signos tanto en el Antiguo como en el Nuevo Testamentos. La memoria o el recuerdo de la muerte de Cristo pertenece a la celebración del sacramento. Desde el principio, Dios proveyó signos para evocar la memoria de eventos pasados como evidencias de su misericordia. De manera que Moore entiende correctamente la Cena del Señor como el máximo acto de Dios que alimenta a su pueblo, actos entre los cuales está el maná dado a Israel en el desierto y la milagrosa alimentación de los miles por Cristo.

Una comprensión total de este rito requiere verlo dentro del amplio contexto de la historia de la salvación. Los signos del Antiguo Testamento apuntan hacia la Cena del Señor. La Cena encierra eventos pasados tales como la Pascua y los sacrificios, y apunta hacia la completa unión de Dios con su pueblo al final de los tiempos. No obstante, esos signos son más que recordatorios, porque Cristo está presente en todos estos signos, dando gracia, salvación, el Espíritu Santo, y entregándose a sí mismo para crear la unión con el Padre. Jesús ya estaba presente en los signos del Antiguo Testamento, pero la Cena del Señor es el pináculo de todos los signos porque el que nació de la Virgen María, fue crucificado bajo Poncio Pilato, y se levantó de los muertos, está realmente presente con su cuerpo sacrificado y su sangre en el pan y el vino. Es el más sagrado de los signos, porque los signos se corresponden con las realidades divinas que contienen. Lo que la lectura de los Evangelios hace que la memoria de la Iglesia recuerde se hace presente, tangible, realidad digerible en la Cena del Señor. Todos los acontecimientos de la vida de Cristo registrados en la Escritura se vierten dentro del momento del sacramento, de manera que Aquel a quien los creyentes recuerdan toma forma en el pan y el vino y se recibe no sólo por medio de la boca dentro del cuerpo, sino también dentro del alma. En este sacramento la memoria de Cristo se convierte en una realidad de forma que él está realmente con nosotros en cada aspecto de la celebración, incluyendo los elementos.

Al punto de vista de Zwinglio se le llama a veces *anamnēsis*, vocablo tomado de las palabras de la institución de Cristo: «Hagan esto en memoria [*anamnēsis*] de mí: (Lc 22:19). Esto no puede significar solamente que lo recordemos a él, sino, siguiendo el patrón de los Salmos, que también le pidamos a Dios que recuerde sus promesas para nosotros. Mientras recordamos a Cristo en el sacramento, pedimos a Dios que recuerde las promesas que hizo en Cristo para perdonarnos. Después de todo, la oración es un recordar a Dios su amor por nosotros; y esto es lo más apropiado mientras él nos mira a través de Cristo, que está contenido en este sacramento.

Retos al punto de vista luterano no solo vienen de manera formal desde las iglesias reformadas que desean fraternizar con las iglesias luteranas, sino también de los evangélicos que comparten con los luteranos un compromiso con la autoridad, la inspiración, y la infalibilidad bíblica, pero siguen siendo herederos de Zwinglio y Calvino en sus doctrinas de Cristo y los sacramentos, especialmente la Cena del Señor. Las alianzas con ellos requieren que las doctrinas peculiares luteranas sobre el poder regenerativo del bautismo y de la Cena del Señor como el cuerpo y la sangre reales de Cristo se obvien, en aras de una unidad mayor frente a los destructivos métodos de la crítica bíblica. Aunque Lutero es reverenciado en las iglesias reformadas, incluyendo las bautistas, por su doctrina de la justificación que se opone a la de Roma, sus puntos de vista sobre la Cena del Señor son tan intolerables como el punto de vista católico romano. La identificación de los elementos con el cuerpo y la sangre de Cristo caen bajo la censura reformada como idolatría prohibida, la cual abarca su segundo mandamiento. Cualquier referencia al «dios del pan» para describir la doctrina católica de la Cena del Señor, también tiene como objetivo el punto de vista luterano.

Para Zwinglio, tanto el bautismo como la Cena del Señor tenían significado histórico y escatológico al apuntar hacia atrás a lo que Dios había hecho y hacia delante a lo que Dios iba a hacer, pero Dios no estaba presente en los ritos ni en sus elementos; pues ellos no eran esenciales para la salvación. Es difícil evitar las implicaciones de que un signo sacramental pueda ser sustituido por otro y que el orden de su administración sea algo indiferente. Los bautistas de hoy, como Zwinglio, consideran ambos ritos como recordatorios, señales y proclamaciones, haciendo la función del bautismo virtualmente indistinguible de la función de la Cena del Señor. Por lo tanto, dentro del contexto de Zwinglio, no sorprende que la Cena del Señor se pueda ofrecer a uno sin bautizar. Estos ritos pueden ser necesarios por la vía del mandato y de esa manera se les llama propiamente ordenanzas antes que sacramentos; una palabra que implica que en ellos Dios concede salvación.

La Cena del Señor es la proclamación de la muerte de Cristo, pero es una proclamación que trae el momento de la cruz al presente. Si la Cena del Señor es una proclamación y un recordatorio en el sentido de que quienes escuchan recuerdan información sobre un evento pasado o una figura de la historia, entonces es difícilmente distinguible de, ni más útil que un sermón. Para los luteranos, el sermón, la proclamación de la Palabra (o sea, el Evangelio), es el mismo Cristo y en este sentido es sacramental. Él, que está presente en la predicación y entra en los oídos de quienes escuchan, los invita a recibirlo por medio de sus labios y bocas en el sacramento.

Los luteranos pueden concordar con Moore en que los que llevan vidas inmorales sean excluidos de la Cena del Señor, pero entendiendo que un sentido de culpa por el pecado y de no aceptación por parte de Dios prepara mejor para recibir la Cena del Señor que un sentido de rectitud moral. Este sacramento no es una ordenanza en el sentido de los Diez Mandamientos, sino una institución que perdona los pecados cometidos contra la ley. Siguiendo la práctica de las iglesias antiguas, la comunión cerrada, para los luteranos, significa excluir a los incrédulos y a aquellos que no han sido bautizados o pertenecen a iglesias con creencias erradas, especialmente sobre la Cena del Señor. La práctica bautista, por otro lado, permite a los no bautizados recibirla.

Como la Cena del Señor se comprende en el sentido de Zwinglio como apenas un recordatorio o un signo sin contenido real, las instrucciones sobre su administración, recipientes, y elementos no son cuestiones que urgen. Un laico está tan calificado para administrar el rito como un ministro ordenado. El jugo de uva se acepta como vino, pese a que la preferencia del primero sobre el segundo parece motivada más por los principios del movimiento de la prohibición que por razones bíblicas. El vino que alegra los corazones humanos (vez Salmo 104:15) es el vehículo adecuado para la sangre de Cristo, por medio de la cual somos transportados al misterio de la expiación en el cual están enclavadas las glorias del cielo. En algunas iglesias reformadas, y vergonzosamente, luteranas, bebidas distintas al vino, tales como las sodas y el jugo de naranja, son los sustitutos. Donde la institución de Cristo de la Cena del Señor con respecto a sus elementos, creencias, administradores, y recipientes no se siguen, esta está comprometida.

Moore declara con elocuencia que «en la Cena del Señor tanto la restauración del Edén como el reconocimiento del pecado humano coinciden en una comida ritual» (p. 32). Siguiendo esta línea de razonamiento, podemos decir que todos los rituales anteriores del Antiguo Testamento se resumen en este sacramento, de manera que ellos inician una participación con Cristo que se completará cuando Aquel que devoramos con nuestras bocas sea visto con nuestros propios ojos. Tan valioso como es traer todo el panorama bíblico a discusión sobre la Cena del Señor, se podría decir una palabra sobre la posición de Zwinglio vis-à-vis Lutero al interpretar la palabra «es» en la frase «este es mi cuerpo» como «significa». (Calvino concordó con Lutero sobre el «es» pero interpretó el cuerpo como el «cuerpo espiritual» de Cristo.)

Ahora una nota personal. Quizás la vasta mayoría de los pastores luteranos, al recibir miembros de iglesias que se adhieren a las enseñanzas de Zwinglio o Calvino sobre la Cena del Señor, frecuentemente descubran que estos miembros no sostienen enseñanzas reformadas, sino que ya se adherían a la creencia luterana de que los elementos ordinarios del pan y el vino son esas cosas extraordinarias del cuerpo y la sangre de Cristo. En otras palabras, que ellos creían en realidad en las palabras de Cristo: «Este es mi cuerpo. Por supuesto, lo contrario es también trágicamente cierto para los luteranos y católicos que no creen que los elementos son el cuerpo y la sangre de Cristo, como indica una encuesta. Esto debe servir como un recordatorio de que todo sermón que acompañe la celebración de la Cena del Señor debe contener esta enseñanza.

UNA RESPUESTA CATÓLICA ROMANA

Thomas A. Baima

Una de mis esperanzas con este libro era que los autores pudieran tratar las cuestiones desde la perspectiva de la diversas Iglesias y comunidades eclesiásticas tal como son, en lugar de más bien como una versión idealizada o como si se hallaran en el siglo XVI. Tengo que decir que me han complacido los distintos capítulos de los otros autores, que han hecho exactamente eso. Así pues, esta respuesta se puede centrar sobre mi apreciación de los puntos de vista y preguntas del autor que todavía necesitan solución. En breve, cada autor ha hecho posible el diálogo.

Admitiré estar sorprendido por el capítulo de Russel Moore, especialmente por su generoso uso de términos litúrgicos y sacramentales. Al principio, sentí que coincidía con su argumentación de que la Cena del Señor define la identidad cristiana y la expresión de aprecio por su presentación de los patrones bíblicos de los signos. Cualquier estudioso católico se sentiría cómodo con su descripción de lo que se llama *anammēsis* (vea pp. 34-35), el signo que apunta hacia atrás y hacia delante, aunque también quisiéramos decir más del signo de algo ahora. Y estuve sorprendido y complacido por su agradecido uso de los escritos tanto de Flannery O'Connor como del papa Benedicto XVI.

También aprecié la lectura cronológica del Antiguo Testamento y su uso del método alegórico tan amado por los Padres de la iglesia. Ciertos otros puntos que plantea encontrarán un eco entre los especialistas católicos, tales como su uso de una escatología semi-realizada y sus reflexiones sobre el sacrificio.

Un punto de vista que encontré peculiar en su capítulo fue el motivo de la guerra. Esta aproximación a la vida espiritual durante la era de la iglesia —el tiempo entre los dos advenimientos de Cristo— es muy parecido a los temas de la espiritualidad ortodoxa oriental, los cuales, aunque están presentes en la tradición católica occidental, se enfatizan menos hoy en día. De hecho, el motivo de la guerra también es sugestivo desde otros puntos de vista, especialmente aquellos en torno a la disciplina eclesiástica y la noción de que la iglesia es para los creyentes. Estos tres temas podrían ser de gran interés para los cristianos católicos que están involucrados en el ministerio de la iniciación cristiana de adultos.

El capítulo también suscitó algunas preguntas para mí. Moore dice con claridad que la Santa Comunión es «más que un símbolo» —que «ella es un signo» (p. 32). Para mí no está claro cuál es el tema al que la afirmación (el «banquete mesiánico») se refiere. ¿Es a los elementos, o es a la comida? En un punto él dice que la comida crea fe y establece la fe (p. 35), y en otro que Cristo está siempre presente con su pueblo y que en la comida reconocemos su presencia (p. 39). Más adelante, Moore es mucho más claro cuando escribe: «[Les pedimos] que reconozcan y den la bienvenida a la presencia de Cristo, no en los elementos ni en los cielos encima de ellos, sino en el cuerpo que él ha juntado, la asamblea que gobierna y protege aun ahora como Rey» (p. 42). Pero entonces, ¿es la comida un signo, o es la asamblea el signo? Y si es la asamblea, ¿cómo es diferente la presencia de Cristo en la comida de la presencia de Cristo en el servicio de predicación?

Por lo tanto, se necesita dialogar más sobre la Cena del Señor. Moore identifica correctamente la Ultima Cena como una comida de Pascua, También traza la significación teológica de la Pascua. Donde necesitamos conversar más es en el hecho de que la Pascua fue un sacrificio y una comida. *Pesach* es el término utilizado tanto para la comida («Pascua») como la víctima sacrificial («el cordero de la Pascua»). Consecuentemente, pienso que él se mueve demasiado rápido sobre el relato de la institución («Este es mi cuerpo...») cuando concluye «que los elementos del pan y el vino [no] son literalmente su cuerpo y su sangre» (p. 34). El significado de la Pascua fue más que una proclamación; fue una participación en el sacrificio a través de la coparticipación en la sagrada comida.

Esta cuestión del sacrificio sigue surgiendo en el diálogo sobre la Cena del Señor. En cada ocasión, los teólogos la ponen a un lado para alguna futura consideración. Pero la cuestión no será denegada. Ya en el «Documento de Lima» del Consejo Mundial de Iglesias (titulado *Bautismo, Eucaristía y Ministerio*) se lee lo siguiente:

> Es a la luz del significado de la Eucaristía como intercesión que las referencias a la Eucaristía en la teología católica como «sacrificio propiciatorio» se pueden comprender. Se entiende que solo hay una expiación, esa del único sacrificio de la cruz, actualizado en la Eucaristía y presentado delante del Padre en la intercesión de Cristo y de la Iglesia por toda la Humanidad. A la luz de la concepción bíblica del recordatorio, todas las iglesias pudieran querer revisar las viejas controversias sobre el «sacrificio» y profundizar su comprensión de las razones por las cuales otras tradiciones distintas a la suya han utilizado o rechazado este término.[1]

Como diré en mi propio capítulo, este es un tema para otro momento, un momento que no debe estar muy lejano. Somos salvados por la muerte sacrificial de Cristo sobre la cruz. Como mismo Moore señaló la Pascua como un medio para comprender la Cena del Señor como una comida recordatoria, necesitamos hacer lo mismo, en un diálogo mutuo, con respecto a nuestra comprensión del sacrificio que la comida del Nuevo Pacto hace presente y efectiva.

Notas: Capítulo 1: El punto de vista bautista (Russel D. Moore)

1. Flannery O'Connor: *The Habit of Being* (Nueva York: Ferrar, Straus, Giroux, 1979), p. 125.

2. Vea, p.ej.: Anthony R. Cross y Philip E Thompson, eds: *Baptist Sacramentalists* (Carlisle: Paternoster, 2003).

3. Michael D. Williams: *Far as the Curse Is Found: The Covenant Story of Redemption* (Phillipsburg, N.J.: P & R Publishing, 2005), pp. 96-97.

4. Esto es cierto incluso para la dieta vegetariana de la creación prístina. Sobre la humanidad primitiva y la vida animal, el filósofo eticista Leon Kass hace este comentario: «Pero que necesitaran que les dijeran qué comer es quizás un signo de que, abandonados a sus propios criterios, sus apetitos podrían haberse extendido a incorporarse uno al otro». (R. Kass, *The Hungry Soul: Eating and the Perfecting of Our Nature* (Chicago: Univ. of Chicago Press, 1999), p. 207.

5. Alec Motyer: *The Message of Exodus* (Downers Grove, IL: InterVarsity, 2005), p. 147.

6. Esto es, por supuesto, parte de todo el contexto de la cita de Deuteronomio que hace Jesús a la Serpiente en el desierto.

7. Basado en la última línea de la primera estrofa del himno «Guíame, oh Tú Gran Señor», con letra de William Williams.

8. Peter C. Craigie: *The Book of Deuteronomy* (New International Commentary on the Old Testament; Grand Rapids: Eerdmans, 1976), p. 242.

9. Mark F. Rooker: *Leviticus* (New American Commentary; Nashville: Broadman & Holman, 2000), p. 103.

10. Eso no es decir que esto sea inherente al punto de vista católico romano de la Eucaristía. Por el contrario, simplemente digo que el individualismo occidental es un ácido que puede enturbiar cualquier punto de vista de la Cena del Señor a menos que se mantenga una cuidadosa vigilancia. El papa Benedicto XVI ha hablado de la necesidad de un enfoque comunitario de la Eucaristía en su Dios está Cerca de Nosotros: La Eucaristía y el Corazón de la Vida (San Francisco: Ignatius, 2003).

11. John Lukacs: *A New Republic: A History of the United States in the Twentieth Century* (New Haven, CN: Yale Univ. Press, 2004), p. 345.

Notas: Capítulo 1: Una respuesta reformada (I. John Hesselink)

1. Hubiera sido bueno si Moore hubiera explicado cuál es la posición bautista histórica con respecto a la Cena del Señor. Aunque los bautistas no se consideran por lo general a sí mismos como una iglesia confesional, sí tienen confesiones (p.ej. la Confesión de Schleitheim [1527] y la Confesión de Dordrecht [1612]. Ambas tienen artículos sobre la Cena del Señor. Estas confesiones se encuentran en John H. Leith, ed.: *Creeds of the Churches* (Richmond, VA: John Knox, 1973).

Notas: Capítulo 1: Una respuesta católica romana (Thomas A. Baina)

1. *Baptism, Eucharist and Ministry* (Faith and Order Paper 111; Ginebra: Consejo Mundial de Iglesias, 1982), p. 11.

Capítulo dos

EL PUNTO DE VISTA REFORMADO

La presencia real de Cristo

EL PUNTO DE VISTA REFORMADO

La presencia real de Cristo

I. John Hesselink

Al comienzo es necesario esclarecer el punto de vista reformado sobre la Cena del Señor. Esto requerirá una explicación de la noción de la presencia real de Cristo en la Cena del Señor, una presencia que es de naturaleza espiritual. No obstante, todos los teólogos reformados no sostienen de manera global este punto de vista. Por ejemplo, Ulrico Zwinglio (1484-1531), que inició el movimiento de la Reforma en Zurich en 1519, sostenía un punto de vista de la Cena del Señor que se conoce generalmente como la posición memorialista, una que hace una interpretación meramente simbólica de la Cena. Este punto de vista fue drásticamente rechazado por Martín Lutero en el Coloquio de Marburgo en 1529 y fue considerado desfavorablemente por Calvino.

Como este punto de vista se presentó con anterioridad en este libro, me centraré en el punto de vista de Juan Calvino. Esta visión de una participación espiritual de la carne y la sangre del Cristo resucitado en la Cena también se enseña por lo regular en la mayoría de las confesiones reformadas, incluyendo el Catecismo de Heidelberg (1563) y la posterior Confesión de Fe de Westminster (1648). Así pues, el punto de vista de Calvino se considera hoy normalmente el punto de vista reformado, aunque algunos teólogos reformados y presbiterianos se inclinan al punto de vista de Zwinglio. En su libro Given for You: Reclaiming Calvin's Doctrine of the Lord's Supper (Entregado por ti:

Reclamación la doctrina de Calvino sobre la Cena del Señor), Keith Mathison documenta el abandono del punto de vista de Calvino por un número de teólogos del siglo XIX y principios del siglo XX, quienes lo encontraban demasiado complicado y místico[1]. De ese modo, no se puede describir como Reformado el punto de vista que aquí se expone cuando esa designación se concibe ampliamente. Sin embargo, entre los teólogos Reformado-Presbiterianos contemporáneos, el punto de vista de Calvino de la presencia real es la interpretación preferida casi universalmente del sacramento. Por otra parte, el elevado punto de vista expuesto por Calvino no era suyo exclusivamente, sino en lo esencial de su amigo y mentor Martin Bucer; su sucesor en Ginebra, Teodoro Baeza; y otro reformador contemporáneo, Pedro Mártir, cuya teología sacramental a menudo se considera que ha hecho una singular contribución a la teología reformada[2].

EL PUNTO DE VISTA DE CALVINO SOBRE LOS SACRAMENTOS

Antes de tratar la doctrina de Calvino sobre la Cena del Señor sería útil ver cómo comprendía este el «sacramento». Calvino tenía en alta estima los sacramentos, tan alta en la mayoría de los aspectos como la de Lutero. (Lo mismo no se puede decir de muchos cristianos reformados-presbiterianos modernos, en comparación con sus contrapartes luteranos, para no mencionar a los episcopales y católicos romanos).

En el capítulo de los sacramentos de la Institución, Calvino comienza con una declaración que ya aparece en la primera edición: «Tenemos en los sacramentos otra ayuda para nuestra fe relativa a la predicación del evangelio»[3]. Este amplía esto con una definición más formal. «Me parece», dice él, «que una definición simple y apropiada sería decir que es un signo exterior por medio del cual el Señor estampa en nuestras conciencias las promesas de su buena voluntad hacia nosotros a fin de sostener la debilidad de nuestra fe; y nosotros a su vez confirmamos nuestra piedad en presencia del Señor y de sus ángeles delante de los hombres» (Inst. IV.14.1). Entonces él se refiere a la famosa definición de Agustín: «un signo visible de una cosa sagrada» o «una forma visible de una gracia invisible», pero siente que ello es demasiado breve y por lo tanto algo oscuro (IV.14.1). Sin embargo, más tarde expresa su aprobación de la descripción de Agustín de los sacramentos como «una palabra visible» porque un sacramento «representa las promesas de Dios como pintadas en un cuadro y puestas ante nuestra vista, dibujadas gráficamente en la forma de imágenes» (IV.14.6).

Calvino también utiliza otras imágenes y metáforas para describir los sacramentos. Sugiere que debemos llamarlos «las columnas de nuestra fe».

Pues como un edificio se levanta y descansa sobre su propio fundamento pero está más seguramente establecido por medio de columnas colocadas debajo, así la fe descansa sobre la Palabra de Dios como un fundamento; pero cuando se añaden los sacramentos, esta descansa con mayor firmeza sobre ellos como sobre columnas. O [añade] los podemos llamar espejos en los que podemos contemplar las riquezas de la gracia de Dios, que él nos prodiga (IV.14.6).

Necesito señalar tres cosas más antes de abordar la doctrina de Calvino de la Cena del Señor, a saber: el papel del Espíritu Santo, la importancia de la fe, y el lugar de Cristo al hacer poderosos y eficaces los sacramentos. En el extenso capítulo de la Institución referente a los sacramentos, el tema del Espíritu Santo adquiere relieve. Aquí Calvino repite que los sacramentos fueron dados por Dios para establecer y aumentar nuestra fe, pero, añade, ellos sólo cumplen propiamente su función «cuando llega a ellos el Espíritu, ese maestro interior, por medio de cuyo solo poder los corazones son penetrados y los afectos movidos y nuestras almas abiertas para que los sacramentos entren en ellas. Si falta el Espíritu, los sacramentos no pueden lograr nada más en nuestras mentes que el esplendor del sol que brilla sobre ojos ciegos, o una voz que suena en oídos sordos» (Inst. IV.14.9). En resumen, «los sacramentos no aprovechan un ápice sin el poder del Espíritu Santo» (IV.14.9). O, como dice Calvino en su Catecismo de Ginebra: «El poder y la eficacia de un sacramento no descansa en los elementos externos, sino que emana por completo del Espíritu de Dios» (P. 313)[4].

Por la parte humana, sin embargo, la fe es también indispensable. Porque es «seguro que el Señor nos ofrece misericordia y la prenda de su gracia tanto en su Palabra Sagrada como en sus sacramentos. Pero lo comprenden solo aquellos que toman la Palabra y los sacramentos con una fe segura». Entonces Calvino cita a Agustín en el mismo sentido, que «la eficacia de la Palabra sale a la luz en el sacramento, no porque sea pronunciada, sino porque es creída» (Inst. IV.14.7). El Reformador se expresa con mayor fuerza aun en un polémico tratado: «Aquel que separa la fe de los sacramentos hace exactamente como si fuera a apartar el alma del cuerpo»[5].

Por consiguiente, los sacramentos no son medios mágicos por medio de los cuales se bendice a los participantes. Por parte de Dios, la Palabra y el Espíritu son cruciales; de nuestra parte, la fe es esencial si las promesas de Dios en Jesucristo se van a realizar. Pero aun la fe por medio de la cual creemos es un don del Espíritu Santo, pues «la fe es del todo la obra apropiada del Espíritu Santo, iluminada por quienes reconocemos a Dios y los tesoros de su benevolencia y que sin cuya luz nuestra mente está tan ciega que no puede ver nada, tan apagada que no puede percibir nada de las cosas espirituales» (*Inst*. IV.14.8).

La tercera idea fundamental para la comprensión de Calvino de los sacramentos es que estos encuentran su significado en Cristo. Porque «Cristo es la materia [*materiam*] o (si usted lo prefiere) la sustancia [*substantiam*] de todos los sacramentos; porque en él ellos tienen toda su consistencia [*soliditatem*], y ellos no prometen nada aparte de él» (*Inst*. IV.14.16). Porque los beneficios de los sacramentos «se confieren mediante el Espíritu Santo, que nos hace partícipes en Cristo; pero cuando se les tuerce en otra dirección, todo su valor se destruye lamentablemente» (IV.14.16). En otras palabras, si nos concentramos en los elementos y no en el Cristo hacia el cual ellos señalan, malinterpretamos y desvirtuamos los sacramentos.

LA CENA DEL SEÑOR

Nunca se exagerará la importancia de que Calvino no enseñe que el pan y el vino son meros símbolos del cuerpo y la sangre de Cristo. A este respecto, Calvino estaba más cerca de Lutero que de Zwinglio, pues creía en una presencia real de Cristo en la Cena. Lutero y Calvino difieren sobre la naturaleza de esa presencia, pero los dos creen que Cristo está realmente presente de alguna manera en los elementos del pan y el vino cuando se reciben por fe. Calvino enfatizó el papel del Espíritu Santo más que Lutero, pero al mismo tiempo advirtió contra concebir los sacramentos como no más que una comunión puramente espiritual con el espíritu de Cristo.

Note cómo Calvino expresa la cuestión en su Primer Catecismo: En los símbolos del pan y el vino «el Señor exhibe la verdadera comunicación de su cuerpo y su sangre; una comunicación solo espiritual» (sec. 29)[6]. Estas palabras se pueden interpretar de una manera «espiritual», esto es, de una manera no objetiva, pero más adelante escribe: «Por consiguiente, el cuerpo y la sangre están representados bajo el pan y el vino, de manera que podamos saber no solo que son nuestros, sino que son vida y alimento para nosotros» (sec. 29). La misma verdad se expresa con mayor claridad después en la Institución: «Si es verdad que se nos da un signo visible para rubricar el don de una cosa invisible, cuando hayamos recibido el símbolo del cuerpo, no confiemos que seguramente el cuerpo mismo se nos ha dado también» (IV.17.10).

Por momentos parece que Calvino se involucra en una polémica contra el punto de vista más simbólico de Zwinglio, en el que la fe del comulgante es el factor clave. Calvino también enfatiza la necesidad de la fe para la eficacia del sacramento, pero su énfasis descansa sobre la gracia de Dios y el poder inherente del sacramento. También critica el punto de vista romano y el de su notable crítico luterano Joachim Westphal[7], pero no vacila en utilizar un lenguaje concreto y gráfico, y metáforas para mostrar cuán seriamente cree que cuando participamos de los elementos en la Cena del Señor, nos alimentamos verdaderamente del mismo Señor.

Una presencia real

Aquí van unos cuantos ejemplos: Justo como el pan alimenta nuestro cuerpo, así el cuerpo de Cristo alimenta y aligera nuestras almas. De forma similar, como el vino «fortalece, renueva y alegra a un hombre físicamente, así la sangre [de Cristo] es nuestro gozo, nuestra fuerza y renuevo espiritual» (Catecismo de Ginebra, P. 341). Cuando el sacramento nos recuerda que Cristo «fue hecho el pan de vida que continuamente comemos, y que nos da el gusto y el sabor de ese pan, nos hace sentir el poder de ese pan... A través de una verdadera participación en él, su vida se introduce en nosotros y se hace nuestra—justo como el pan cuando se toma como comida imparte vigor al cuerpo» (*Inst.* IV.17.5).

Calvino puede aun decir que «la carne de Cristo entra en nosotros para ser nuestro alimento» (IV.17.5). Tomando su pista de Cirilo de Alejandría y utilizando la analogía de una fuente, Calvino concluye: «Del mismo modo la carne de Cristo es semejante a una fuente que nunca jamás se agota, por cuanto ella recibe la vida que brota y mana de la divinidad para hacerla fluir de su carne a nosotros. ¿Quién no ve ahora que la comunión de la carne y sangre de Jesucristo es necesaria a todos aquellos que aspiran a la vida celestial?» (IV.17.9)[8].

Este tipo de lenguaje realista sobre «comer la carne de Cristo» a través de la fe (IV.17.5) y decir que la sangre de Cristo se ofrece «para que nosotros la probemos» ha sido ofensivo para algunos teólogos reformados posteriores y puede resultar chocante para algunos fieles presbiterianos reformados contemporáneos[9]. El propio Calvino concede que parece increíble «que la carne de Cristo, tan alejada de nosotros por la distancia, penetre hasta nosotros haciéndose alimento nuestro» (IV.17.10).

Podría pensarse que los pasajes citados arriba motivarían la crítica de los detractores luteranos de Calvino en particular, quienes mantienen que Calvino no cree en la «presencia real» de Cristo en la Cena[10]. Concedido, la presencia real y la participación de la carne y la sangre de Cristo en la Cena no debe interpretarse de manera materialista sino espiritual; pero «espiritual» en este sentido no significa irreal, ni que Cristo esté presente sólo en espíritu. Al mismo tiempo, Calvino resiste la noción de que el cuerpo y la sangre de Cristo estén contenidos en los elementos. Antes bien, los elementos «son como instrumentos por medio de los cuales nuestro Señor Jesucristo los distribuye entre nosotros»[11]. A pesar de todo, Cristo está presente para nosotros en la Cena aunque se halle físicamente distante de nosotros. La clave de la teología del sacramento de Calvino aquí, como en tantas otras doctrinas, está en el Espíritu Santo.

El papel del Espíritu Santo

Uno de los principales presupuestos de Calvino con respecto a la Cena del Señor es que el cuerpo ascendido de Cristo está localizado, por así decirlo, en el cielo. Por consiguiente el cuerpo de Cristo no puede ser ubicuo, como era para Lutero. Calvino repite en varias obras posteriores lo que afirma brevemente en su Catecismo de 1538: «Porque aunque Cristo, habiendo ascendido al cielo, cesa de residir en la tierra,... aun ninguna distancia puede impedir que sus poderes alimenten a sus creyentes de sí mismo y hagan que todavía gocen de una constante comunicación con él, aunque él esté ausente de ese lugar» (sec. 29).

Sin embargo, lo que falta aquí es cómo el distante, el Cristo ascendido, se convierte en uno de nosotros en la Cena. La respuesta es el Espíritu Santo. En el Breve Tratado sobre la Cena del Señor de Calvino, escrito solo dos años más tarde, el papel del Espíritu Santo está completamente ausente en conexión con esto. Calvino solo alude al hecho de que es el Espíritu Santo quien da «eficacia a esta ordenanza» y que la virtud [o poder] del Espíritu Santo está unida a los sacramentos cuando se los recibe correctamente»[12]. No obstante, en su Catecismo de Ginebra, escrito al año siguiente [edición francesa de 1542], Calvino es mucho más explícito sobre «cómo se nos hace partícipes de la sustancia de Cristo», pese a que «el cuerpo de Cristo está en el cielo y nosotros somos todavía peregrinos sobre la tierra». Se salva esta brecha «por la milagrosa virtud secreta del Espíritu de Cristo, para quien no es difícil asociarse a cosas que de otra manera están separadas por un intervalo de espacio» (P. 353-355)[13].

En su comentario (escrito en 1546) sobre el relato de Pablo de la Cena del Señor en 1 Corintios 11, Calvino es más preciso en cuanto a la manera en que el Espíritu Santo une cosas separadas en la celebración del sacramento. Aquí explica sucinta y claramente cómo la carne del Señor ascendido nos alimenta espiritualmente. En el siguiente pasaje, note en particular cómo él primero rechaza los puntos de vista católico romano y luterano de la presencia real y entonces expone su propio punto de vista:

> Compartir el cuerpo del Señor, el cual, mantengo, se nos ofrece en la Cena, no demanda una presencia, ni local, ni el descenso de Cristo, ni una extensión infinita de su cuerpo, ni cosa alguna de ese tipo; pues, en vista del hecho de que la Cena es un acto celestial, no hay nada absurdo en decir que Cristo permanece en el Cielo y aun nos recibe a nosotros. Porque de la manera que él se imparte a sí mismo a nosotros es por el poder secreto del Espíritu Santo, un poder que es capaz no solo de reunir, sino también de mantener unidas, cosas que están separadas por la distancia, y además a una gran distancia[14].

En algún otro lugar de este comentario, Calvino es aun más explícito al distanciarse de los partidarios de Zwinglio y de aquellos que ven en la Cena «sólo un recordatorio de algo que está ausente»:

Mi conclusión es que el cuerpo de Cristo se nos da en la Cena realmente [*realiter*], para utilizar la palabra usual, i.e., verdaderamente [*vere*], por lo que puede ser una comida que da salud a nuestras almas. Adopto los términos corrientes, pero quiero decir que nuestras almas se alimenten por la sustancia de este cuerpo, de manera que seamos hechos verdaderamente [vere] uno con él; o, lo que importa lo mismo, que un poder que da vida derivado de la carne de Cristo [*vim ex Christi carne vivificam*] se derrama sobre nosotros por medio del Espíritu, aun cuando este se halla a una gran distancia de nosotros, y no está mezclado con nosotros [*nec misceatur nobiscum*][15].

La edición final de la Institución de Calvino amplifica esta tesis. Aquí Calvino se refiere al Espíritu Santo como «el vínculo de esta conexión», que es «como un canal a través del cual se nos trasmite todo lo que el propio Cristo es y tiene». El texto clave de Calvino es aquí Romanos 8:9, el cual «enseña que solo el Espíritu nos hace poseer a Cristo completamente y hacer que more en nosotros» (IV.17.12). Más específicamente en relación con la Cena, Calvino reitera que esta comida espiritual no es menos real porque Cristo permanezca en el cielo y no esté «encerrado» en los elementos de una manera carnal. Una vez más la solución es el «secreto» e «incomprensible poder» del Espíritu (IV.17.33)[16].

Aquí surge una pequeña complicación. ¿Solo elevamos nuestros corazones (¡sursum corda!) al Cristo ascendido y de alguna manera nos alimentamos de él allí? ¿O hay un sentido en que el Cristo resucitado por su Espíritu desciende sobre nosotros y nos alimenta espiritualmente a través de la participación en los elementos? Ambas cosas son ciertas, pero el énfasis está hecho en la primera. En lo principal, Calvino enseña que «a fin de disfrutar la realidad de los signos nuestras mentes tienen que elevarse al cielo donde está Cristo» (*Catecismo de Ginebra*, P. 355). Calvino es tan renuente a cualquier noción de que Cristo esté físicamente contenido o encerrado en los elementos que ridiculiza a aquellos que «arrastrarían» a Cristo desde el cielo (*Inst.* IV17.31). «Por lo demás, si elevamos nuestros ojos y nuestro entendimiento al cielo, y somos transportados allá para buscar a Cristo en la gloria de su reino, así como los signos nos conducen a Él todo entero, igualmente bajo el signo del pan seremos distintamente alimentados con su cuerpo, y bajo el del vino, con su sangre, teniendo así plena participación en Él». (IV.17.18)[17].

Pero Calvino puede hablar también metafóricamente del Cristo que desciende hasta nosotros a fin de alimentarnos en la Cena[18]. Porque «a fin de estar presente con nosotros, [Cristo] no cambia de lugar, sino que desde el cielo hace descender la eficacia de su carne para que esté presente con nosotros»[19]. Y de nuevo: «Decimos que Jesucristo desciende hasta nosotros, tanto por el signo exterior y visible, como por su Espíritu, para vivificar verdaderamente nuestras almas con la sustancia de su carne y de su sangre» (IV.17.24). Pero este «descenso» no debe entenderse de tal manera que Cristo sea literalmente hecho descender y encerrado dentro de los elementos. Aquellos que creen eso «no comprenden el modo de descender con el que nos eleva hasta sí» (IV.17.16).

Esto puede dejar confundidos a algunos lectores —lo cual es comprensible— porque esta es una cuestión muy compleja. Debe ser de algún aliento ver que el propio Calvino no pretendía entender todo esto. No se puede «reducir a palabras un misterio tan grande», concede, y entonces añade humildemente: «Pues bien veo que no lo puedo comprender con mi entendimiento, y así lo confieso de buen grado, para que ninguno mida su grandeza por mis palabras, tan humildes, que no pueden llegar tan alto». Calvino concluye con estas palabras:

> Por eso exhorto a los lectores a no mantener sus sentidos en tan pequeños y estrechos límites, sino a que se esfuercen por subir mucho más alto de adonde yo les puedo llevar. Porque yo mismo, siempre que trato de esta materia, después de esforzarme en decir cuanto me es posible, creo que be dicho aún muy poco. Tan grande es su dignidad y excelencia, que no la puedo comprender. Y aunque el entendimiento pueda ir más allá de lo que la lengua puede declarar y exponer, el mismo entendimiento se queda corto y no puede llegar más allá. No queda, pues, más que admirar y adorar este misterio, que ni el entendimiento puede comprender, ni la lengua declarar (*Inst.* IV.17.7)[20].

Como este misterio celestial excede toda comprensión, pero al mismo tiempo es un don tan precioso de la generosidad y bondad de Dios, nuestra respuesta apropiada no debía ser la frustración debido a nuestra incapacidad para entender los misterios del sacramento, sino antes bien de gratitud y reverente franqueza hacia lo que Dios nos daría por medio de este. Nosotros debíamos emular el espíritu de

Calvino, quien «no se avergonzaba de confesar» que la naturaleza de la presencia de Cristo en la Cena «es un misterio tan profundo que ni mi entendimiento lo puede comprender, ni acierto a explicarlo con palabras». En resumen, concluye, «no queda, pues, más que admirar y adorar este misterio» (*Inst.* IV.17.32)[21].

ASUNTOS PASTORALES

Frecuencia de la celebración

La alta estima de Calvino por el sacramento de la Cena del Señor también se refleja en su deseo de celebrarlo en cada servicio de adoración dominical. En el orden eclesial que introdujo poco después de su arribo a Ginebra —los «Artículos concernientes a la Organización del Culto en Ginebra de 1537» —propuso lo siguiente:

> Sería bueno requerir que la Comunión de la Santa Cena de Jesucristo se celebre cada domingo... Cuando la iglesia se reúne para la gran consolación que reciben los fieles y los beneficios que de él proceden, los cuales se presentan ahí para nuestra fe, entonces somos hechos verdaderos partícipes del cuerpo y la sangre de Jesús, de su muerte, de su vida, de su Espíritu, y de todos sus beneficios[22].

No obstante, el Consejo de la Ciudad rechazó esto y Calvino nunca logró sus propósitos en relación con este asunto. Cuando Calvino regresó a Ginebra en 1541, después de sus tres años de estancia en Estrasburgo, propuso un orden eclesial revisado, el «Anteproyecto de Ordenanzas Eclesiásticas» de 1541. Aquí él propone un compromiso: «que este sea siempre administrado en la ciudad una vez al mes, de tal manera que cada tres meses se celebre en cada parroquia»[23]. De esa manera el compromiso de Calvino se convirtió en el orden establecido en la mayoría de las iglesias reformadas y presbiterianas hasta aproximadamente mediados del siglo XX.

Como un resultado de la renovación litúrgica de la tradición reformada[24] y un creciente aprecio del significado de la Cena del Señor en las iglesias locales presbiterianas y reformadas, se ha hecho común una celebración más frecuente de la Cena. En varias iglesias presbiterianas/reformadas alrededor del mundo se practica una celebración mensual.

De acuerdo con Keith Mathison: «Hay un creciente número de iglesias reformadas que observan la Cena sobre una base semanal»[25], pero yo no conozco muchas. No obstante, en algunos seminarios reformados y presbiterianos, incluyendo el mío (Seminario Teológico Occidental de Holland, Michigan), el sacramento se celebra una vez a la semana en el contexto de un servicio regular en la capilla.

Modalidad de la celebración

En la tradición reformada no hay una modalidad establecida sobre cómo debe celebrarse el sacramento. En el continente, la tradición ha sido que los celebrantes se adelanten, reciban los elementos (del ministro asistido por los ancianos), participen mientras están de pie, y regresen por un pasillo lateral. En algunos casos, los elementos están en bandejas; en otros casos, el comulgante recibirá un pequeño pedazo de pan y lo mojará en la copa de vino o jugo de uva (método de mojar el pan o la hostia en vino). Esta es también la práctica en otras partes del mundo (p.ej., en la Iglesia Presbiteriana de Brasil) y de manera creciente se practica en Norteamérica. No obstante, en la mayoría de las iglesias presbiterianas y reformadas la práctica común es hacer que los elementos los sirvan los ancianos a los feligreses mientras estos permanecen sentados en los bancos. Los elementos consisten en pequeños pedazos de pan picado y pequeñas copas de vino o jugo de uva; por lo general lo último[26]. Infortunadamente, esto rebaja el significado de partir una sola barra de pan frente a la congregación. A Robert Letham le preocupa mucho esto y cree que esta práctica «está impregnada del individualismo de la post-ilustración, en el que se concibe la religión como una cuestión individual y privada entre el alma individual y Dios»[27].

En todo caso, hay una considerable libertad a este respecto, de manera que donde es factible se pueden acercar grupos y formar un círculo alrededor de la mesa de la Comunión y primero pasar una barra de pan a la persona siguiente, diciendo: «El cuerpo de Cristo partido y dado por ti». Entonces el celebrante rasga un pedazo de pan de la barra y lo moja en la copa de vino o jugo mientras la persona que sostiene la copa pronuncia las palabras «La sangre de Cristo derramada por ti».

En unas pocas iglesias, tanto del continente europeo como de los Estados Unidos, pequeños grupos de creyentes se adelantan y toman turnos mientras se sientan ante una gran mesa de Comunión y participan allí de los elementos. La práctica de la «copa común», en la que la gente bebe de la misma copa, todavía se realiza en algunas iglesias Presbiterianas Reformadas tanto aquí como en Europa.

¿Quiénes pueden participar?

Aquí abordamos el asunto de «poner límites a la mesa». En una época, particularmente en Escocia y los Países Bajos, los ancianos visitaban los miembros de la congregación con anterioridad a cada celebración de la Cena para determinar si estaban preparados para participar en la Cena del Señor el domingo siguiente. Se les daban distintivos de comunión, los cuales presentaban en el servicio de adoración para indicar que su participación en el sacramento había sido aprobada. Tristemente, en algunas ramas conservadoras de las iglesias reformadas y presbiterianas solo unos pocos viejos y «santos» se sentían dignos de participar, lo que significaba que la mayoría de la congregación nunca experimentaba las bendiciones del sacramento hasta que llegaban a esa etapa de la vida.

En algunas denominaciones reformadas conservadoras, como la Iglesia Cristiana Reformada de América del Norte, tenía lugar la práctica de la comunión «cerrada» y no cerrada. Solo a aquellos que un anciano revisaba con anticipación se les permitía participar. Hoy, la práctica en la mayoría de las iglesias presbiterianas y reformadas es darle la bienvenida a la mesa del Señor a cualquiera que haya sido bautizado y sea un miembro que profese en una iglesia cristiana.

En algunas iglesias de la tradición reformada, incluyendo la mía (la Iglesia Reformada de América), durante la adoración, una semana antes de la celebración de la Comunión, se lee una «Exhortación al autoexamen» antes de la oración de confesión. Una de las primeras líneas dice esto: «Para que podamos celebrar el Sacramento de nuestro bien, es necesario que nos examines correctamente a nosotros mismos».[28] No obstante, donde se celebra el sacramento con una frecuencia mayor de cuatro veces al año esta práctica tiende a abandonarse. Además, las iglesias que se ubican dentro del culto contemporáneo a menudo tratan muy a la ligera las cuestiones litúrgicas. Por ejemplo, omitirían la sección sobre «El significado del Sacramento» y la bastante elaborada oración de la Comunión.

Después está la cuestión de la participación de los niños en la Cena del Señor; una tendencia relativamente nueva en las iglesias reformadas y presbiterianas. La pregunta de si era apropiado que los niños participaran en la Cena del Señor se formuló primero en la Iglesia Presbiteriana Unida en los años sesenta y en la Iglesia Presbiteriana de los EE. UU. (Sureña) en los setenta. Para la época de la unificación de las dos iglesias en 1983, esto era una práctica generalmente aceptada. En la Iglesia Reformada de América, el tema salió a relucir en los años setenta y se debatió acaloradamente durante una década. Por último, en 1988, el Sínodo General aceptó el informe más reciente de la Comisión de Teología.[29] La Iglesia Cristiana Reformada, con restricciones más específicas, aprobó la práctica en los años noventa. Denominaciones presbiterianas conservadoras como la Iglesia Presbiteriana Ortodoxa están opuestas a esta práctica.[30]

Los requisitos para una celebración adecuada del sacramento

En épocas anteriores se creía frecuentemente que la Cena del Señor sólo se podía celebrar en el contexto de un servicio de adoración de una iglesia. Los oficiantes eran un ministro ordenado asistido por ancianos. Esta limitación ha cedido el paso en la segunda mitad del siglo 20 a celebraciones de la Cena en conferencias, retiros, y otras reuniones informales. En tales casos la celebración del sacramento no siempre está acompañada por la predicación de la Palabra, y ya no se requiere que los ancianos estén presentes; pero el oficiante debe ser un ministro ordenado y los elementos de la liturgia tienen que utilizarse, así como las palabras de institución de nuestro Señor. Lo último es el requisito mínimo absoluto. Una reciente tendencia en algunas iglesias reformadas y presbiterianas es permitir a los ancianos servir el sacramento cuando (1) no está disponible ningún ministro ordenado y (2) cuando están autorizados para hacerlo por la sesión o el consistorio.

Como se deduce de las anteriores afirmaciones, cuando se trata de la práctica de la Cena del Señor, hay una considerable amplitud y flexibilidad entre las diversas denominaciones; y dentro de las denominaciones. La meta, en cualquier caso, es seguir la máxima del apóstol Pablo de que «todo debe hacerse de una manera apropiada y con orden» (1 Co 14:40).

UNA RESPUESTA BAUTISTA

Russel D. Moore

Puede que algunos se pregunten si los hijos de Ginebra y los hijos de Nashville están tan apartados unos de otros cuando se trata del tema de la Cena del Señor. Después de todo, en comparación con nuestra distancia de las iglesias Católica, Ortodoxa Oriental, Luterana, y aun con típicas expresiones del pensamiento evangélico sobre esta materia, los modelos reformado y bautista dicen a menudo en gran medida lo mismo. El capítulo de John Hesselink lo confirma, pues hay mucho en este a lo que yo, y la tradición bautista de la que soy parte, pueden decir de todo corazón «Amén».

Primero: Hesselink hace ver que Juan Calvino fue el primero en sostener que los sacramentos no eran medios de bendición «automáticos» (p. 61). Estos sólo son efectivos cuando están unidos a la fe del que los recibe. Deben ser potenciados por el Espíritu Santo, y solo se les puede comprender a la luz de los propósitos de Dios en Cristo. Segundo: como aclara Hesselink, la Cena no es solo un simple símbolo, sino que es un «sustento» del pueblo de Dios por el propio Cristo (p. 62). Tercero: Hesselink sostiene, igual que Calvino y los calvinistas, que Cristo no está físicamente presente «en» ni «debajo» de los elementos del pan y el vino, sino que en su lugar está sentado física y espacialmente en los lugares celestiales, aunque él es, por supuesto, omnipresente con respecto a su deidad (p. 66). Por último Hesselink se muestra preocupado por el peligro de descuidar la Cena entre las iglesias (p. 68). A todas estas cosas puedo asentir de todo corazón.

Mi discrepancia con la tradición reformada no es tanto con lo que tiene lugar, sino con la manera en que estas bendiciones se trasmiten a la comunidad del pacto por el Rey mesiánico, Jesús. No discrepo de la «presencia real» de Cristo en la Cena del Señor (definida correctamente), pero sí veo esta presencia de una manera diferente a como Calvino y sus sucesores escolásticos y puritanos la veían. Cristo está de hecho «realmente presente» en la Cena del Señor. Pero esto no es necesario para conjeturar que la Cena únicamente nos lleva a los lugares celestiales para comulgar con él allí a través del Espíritu. Cristo está siempre realmente presente con su pueblo (Mt 28:20). Esto es especialmente cierto en el acto de reunirse para adorar.

> Por el contrario, ustedes se han acercado al monte Sión, a la Jerusalén celestial, la ciudad de Dios viviente. Se han acercado a millares y millares de ángeles, a una asamblea gozosa, a la iglesia de los primogénitos inscritos en el cielo. Se han acercado a Dios, el juez de todos, a los espíritus de los justos que han llegado a la perfección; a Jesús, el mediador de un nuevo pacto; y a la sangre rociada, que habla con más fuerza que la de Abel.
>
> *Hebreos 12:22-24*

Por otra parte, la presencia de Cristo se promete específicamente en la disciplina de la congregación; una disciplina centrada en la confraternidad del pueblo del pacto alrededor de la mesa mesiánica. Cuando se reúne la congregación «en mi nombre», Jesús promete; «allí estoy yo en medio de ellos» (Mt 18:20). El apóstol Pablo escribe de la congregación «reunida en el nombre de nuestro Señor Jesús» (1 Co 5:4). Me parece que el asunto de la «presencia real» tiene que ver menos con los elementos involucrados que con la presencia del propio Espíritu Santo, en el cual viene Jesús a su pueblo (Jn 14:17-18). Esto no significa que los elementos mismos no sean importantes. ¡De ninguna manera! Ellos son los vehículos por medio de los cuales Jesús, a través de su cuerpo la iglesia, nos anuncia el nacimiento del nuevo pacto, alentando y fortaleciendo así nuestra fe en él. Jesús está presente con nosotros, y nos beneficiamos de su presencia cuando la palabra predicada nos señala hacia su evangelio. Él está presente con nosotros, y nos beneficiamos de su presencia cuando la palabra descrita en las aguas bautismales nos señala hacia su evangelio. Él está presente con nosotros, y nos beneficiamos de su presencia cuando la comunión con el pan y el vino nos señala hacia su evangelio. En todas estas cosas permanecemos ante el rostro de Dios en el Monte Sión.

La «novedad» del pacto que esta Cena proclama representa una distinción adicional entre los puntos de vista reformado y bautista. Hesselink anota la diversidad de opinión dentro de la comunidad reformada sobre la comunión infantil (los niños ante la mesa del Señor). Como soy un cristiano bautista, creo que «el nuevo pacto en mi sangre» de la Cena del Señor (1 Co 11:25) habla de aquellos que forman parte del pacto, de todos aquellos que «conocen al Señor», «desde el más pequeño al mayor», de aquellos que han experimentado el perdón de los pecados a través del sacrificio de Cristo (Jer 31:34). Los defensores de la comunión infantil argumentan correctamente que la fiesta de la Pascua se aplica a todos los miembros del pacto, incluyendo a los niños pequeños. Además mantienen (acertadamente de nuevo, pienso) que la mesa del Señor define los parámetros de la confraternidad de la iglesia local, y que todos los miembros bautizados de una congregación que no estén disciplinados deben ser bienvenidos a ella. Por otro lado, los opositores a la comunión infantil mantienen correctamente que el Nuevo Testamento manda que quienes participan de la Cena deben ser capaces de «discernir» el cuerpo, y comer y beber de una manera digna como miembro responsable de la asamblea (1 Co 11:27, 29). De nuevo, aquí no hay discusión posible.

Me parece que la comunión infantil es el resultado lógico de una eclesiología reformada. Aún así, ella está excluida por la vinculación del Nuevo Testamento de la Mesa del Señor a la disciplina, ¿pero podría ser que esto solo se deba a que el Nuevo Testamento restringe la membresía en la comunidad del nuevo pacto a aquellos que han sido regenerados y han expresado fe en Cristo? Creo que esta discusión es la base de nuestras diferencias y aun más importante que las preguntas sobre cualquier «presencia real» versus los desacuerdos del «recordatorio».

Sin embargo, ante todo miro hacia delante al día en que los hijos de Nashville y los hijos de Ginebra (junto a todos los hijos de Dios de toda tribu, lengua, y «comunión») puedan confraternizar alrededor de una cena en una nueva tierra. Entonces, si bien quizás no hasta entonces, estaremos reunidos alrededor de la mesa. Ese día, espero, la «presencia real» de Jesús no será en absoluto un tema de disputa.

UNA RESPUESTA LUTERANA

David P. Scaer

Cada tradición teológica tiene el derecho de definir sus términos como entienda correcto, incluyendo la presencia real de Cristo en la Cena del Señor. Como la iglesia Reformada no identifica los elementos del pan y el vino con el cuerpo y la sangre reales de Cristo, ellos entienden la presencia real de una manera diferente a nosotros los luteranos, ortodoxos, y católicos romanos, que sí hacemos esta identificación. De acuerdo con los reformados, los creyentes reciben a Cristo espiritualmente por fe en sus almas y no reciben su cuerpo y sangre con la boca. Los no creyentes no reciben a Cristo, aunque al participar en el sacramento pueden ocasionar una ofensa o cometer sacrilegio.

Trabajando para un acercamiento con los luteranos, los reformados han utilizado términos familiares a los luteranos pero con significados diferentes. «Presencia real» pertenece a ese vocabulario conciliador. Las discusiones sacramentales francas han sido entorpecidas en Alemania por las reglas que fuerzan a los luteranos a incorporarse con los reformados a iglesias territoriales unidas. Después de fracasar a principios del siglo XVII, los gobernantes prusianos lograron imponer en 1830 a las congregaciones luteranas liturgias que permitían una interpretación espiritual reformada de la Cena del Señor. Al distribuir los sacramentos, ya no se les permitió a los pastores utilizar la fórmula luterana: «Este es mi cuerpo», sino decir: «Cristo dijo: "Este es mi cuerpo"». Esta formula indefinida autorizaba el punto de vista reformado de que Cristo estaba presente solo de una manera espiritual y no en el pan.

Las mayores iglesias luteranas y reformadas americanas y europeas han firmado recientemente acuerdos que permiten a sus miembros recibir la Comunión en la otra iglesia y declaran que los puntos de vista del otro sobre la Cena del Señor son aceptables. En estas situaciones, las interpretaciones reformadas reemplazan las distinciones de Lutero con respecto a la Cena del Señor. En las mentes de muchos, incluyendo la élite intelectual, luteranos y reformados se aglomeran como protestantes, y no se ven las pasadas diferencias sino como pequeñas querellas históricas. Los puntos de vista de Martín Lutero se considera que no difieren de los de Juan Calvino. En las iglesias alemanas, las estatuas y los vitrales de Lutero, Calvino y aun de Ulrich Zwinglio se colocan uno al lado del otro como si sus reformas estuvieran teológicamente unificadas. El último reducto de la clásica posición de Lutero son aquellas iglesias que se adhieren a las Confesiones Luteranas, la mayoría de las cuales forman una fraternidad con la Iglesia Luterana — Sínodo de Missouri.

Con los reformados haciendo todo lo posible por seducir a los luteranos a unirse en un mismo redil desde la Reforma en adelante, un luterano no tiene que preguntarse lo que Hesselink tiene en mente cuando escribe que «Calvino tenía en alta estima los sacramentos, tan alta en la mayoría de los aspectos, como Lutero» (p. 60). ¿Es así en realidad? Cuando se derramó el contenido del cáliz, Lutero se puso de rodillas con lágrimas en los ojos y absorbió con la lengua la sangre de Cristo. Él excomulgó a un sacerdote que colocó las hostias consagradas en el mismo lugar de las no consagradas. Es difícil imaginar a Calvino haciendo eso.

Al tratar de situar a Calvino más cerca de Lutero que Zwinglio, Hesselink reclama que Calvino no miraba con buenos ojos la interpretación «memorialista» o «puramente simbólica» de Zwinglio de la Cena del Señor, la cual, añade, fue «rechazada enérgicamente por Martín Lutero» (p. 59). Dejó de mencionar que Calvino no se desvinculó de Zwinglio y que sus sucesores aceptaron mutuamente las posiciones del otro en el Consensus Tigurinus en 1549. El punto de vista de Zwinglio del sacramento como un signo o recordatorio puede que no esté aún al nivel del punto de vista de Calvino, pero ambos se aceptan en las iglesias reformadas y no son causa de división. Puede que Calvino haya colocado el sacramento en un sitio más elevado que Zwinglio; pero para ambos el pan sacramental siguió siendo nada más que pan.

Como Calvino, los luteranos hablan de una recepción espiritual de Cristo en la Cena del Señor, pero para los luteranos esto sigue a y depende de la recepción oral de su cuerpo y sangre en el pan y el vino. El reformado no puede, como puede el luterano, mirar hacia el pan consagrado o manejarlo y decir que esto es Cristo. Como para el reformado Cristo está confinado a un cielo definido espacialmente, el Espíritu lo reemplaza o, cuando mucho, vincula la carne de Cristo al creyente. La naturaleza divina de Cristo, pero no su naturaleza humana, puede que esté presente en los elementos. Al proponer su punto de vista de que Cristo está en un cielo espacial donde la fe puede encontrarlo, Calvino condenó la posición luterana (vea Inst. IV.17.16-20). Inaceptable para el reformado es la insistencia luterana de que la naturaleza divina de Cristo obra a través de la naturaleza humana y que está totalmente presente en ella.

Hace algunos años, un teólogo reformado, después presidente de un prestigioso seminario de Nueva Inglaterra, me alertó de una diferencia fundamental: El reformado va primero a Dios para encontrar a Jesús. Los luteranos siguen una ruta contraria y van a través de Jesús a encontrar a Dios. Suficientemente cierto, pero los luteranos dan un paso más hacia delante al ir a través del bautismo y la Cena del Señor a encontrar a Cristo. Al encontrar a Cristo en los sacramentos, ellos encuentran al Espíritu y al Padre y llegan a conocer a Dios como una Trinidad.

Como los reformados, los luteranos hablan de los sacramentos como signos. Para los luteranos, los signos señalan a las realidades divinas contenidas en ellos. Calvino evade el punto de vista de Zwinglio de que las realidades divinas están lejos de los sacramentos y en su lugar sostiene que ellos apuntan al Espíritu que obra junto con los sacramentos y los ritos. No obstante, los mismos elementos están privados del Espíritu y los dones divinos. Los sacramentos pueden ser la ocasión para las obras del Espíritu, que se hacen eficaces solo por fe. Lutero está de acuerdo en que la fe es el único medio para recibir los beneficios de los sacramentos, pero la fe ni contribuye a la realidad de los sacramentos ni disminuye la presencia de Cristo en ellos. Al celebrar el rito, una asamblea se identifica a sí misma como creyente, pero, al contrario de la enseñanza de Calvino, la fe no crea ni contribuye al carácter del rito en cuanto sacramento. Para los luteranos, un incrédulo que recibe el sacramento llega a una relación íntima con Cristo, no como un sacrificio redentor, sino como juicio, y de esa manera acumula sobre sí el juicio de Dios. Por su incredulidad, él ofende no solo a la Iglesia, sino a Cristo, a quien ha tomado tanto en cuerpo como en alma.

Hablar de la presencia espiritual de Cristo es tan ambivalente como hablar de su presencia real. Para enfatizar su creencia, Lutero sostuvo que los participantes en el sacramento recibían no solo el cuerpo resucitado de Cristo, lo que podría permitir un cuerpo espiritual, sino el cuerpo nacido de la Virgen María. Tomar a Cristo en la forma del pan y el vino tenía un patrón de encarnación anterior. Los luteranos concuerdan que por medio del Espíritu Santo el pan se convierte en el cuerpo de Cristo al estar incrustado en las palabras de la institución de Cristo. Esta es una obra trinitaria en la cual están presentes las tres personas divinas. En este sacramento el Espíritu está presente como el Spiritus Creator, completando la obra de la creación primero en la encarnación y después en la Cena del Señor, no como un sustituto o reemplazo del hombre Cristo Jesús, sino con él. A través de la acción del Espíritu en la Palabra sobre el pan y el vino, el Padre nos los da como el cuerpo y la sangre del Cristo crucificado y resucitado. La creencia del reformado de que el Cristo resucitado está espacialmente restringido a la diestra del Padre, que se ve como un lugar o ubicación, virtualmente requiere que el Espíritu sea el agente principal de la acción sacramental. Él posee la omnipresencia denegada a la naturaleza humana de Cristo. Esto significa que cualquier definición reformada de la presencia real de Cristo en el sacramento tiene que ser radicalmente diferente de la interpretación luterana.

Se puede apreciar el deseo de Hesselink de acercar lo más posible a Lutero el punto de vista reformado. Esto lo hace al señalar que Calvino puede decir: «La carne de Cristo penetra en nosotros para ser nuestro alimento» (p. 63). Lo que podría ser de otra manera un punto de vista aceptable para los luteranos está contrapesado por la «resistencia [de Calvino] de la noción que el cuerpo y la sangre de Cristo están contenidos en los elementos» (p. 64). Calvino y los reformados no dicen que la carne y la sangre de Cristo entren por nuestras bocas. Antes bien, esto ocurre sólo en nuestras almas. Para los incrédulos que reciben el sacramento no hay un comer y beber reales del cuerpo y la sangre de Cristo. El Espíritu «envía la eficacia de su carne», pero no al propio Cristo, que está encerrado en un lugar del cielo (p. 66g). Los luteranos no reconocen una distancia espacial entre el cielo y la tierra, sino que el cielo se manifiesta sobre la tierra en los sacramentos, de manera que no solo los beneficios de Cristo, sino el propio Cristo, en cuerpo y alma, como Dios y como hombre, están presentes en la Cena del Señor.

Al definir la Cena del Señor, luteranos y reformados utilizan muchos de los mismos términos y frases pero los interpretan de manera diferente. Esto es especialmente cierto de la presencia real, pero debajo de la superficie tienen diferentes visiones de la expiación, la justificación y la santificación. Sus diferencias con relación a la Cena del Señor son solo la punta del témpano.

UNA RESPUESTA CATÓLICA ROMANA

Thomas A. Baima

Disfruté la lectura del capítulo de John Hesselink porque conozco menos la tradición reformada que la ortodoxa, la anglicana, o la luterana. Encontré especialmente útiles las aclaraciones que hace sobre las distintas posiciones dentro de la tradición reformada. La clara conexión con la escuela agustiniana ayuda a que los católicos romanos vean la teología reformada no como una mera reacción a la posición católica romana vigente, sino también como un intento de establecer una continuidad con los Padres de la Iglesia.

Encuentro que es una anotación bienvenida el énfasis en el papel del Espíritu Santo en los sacramentos. Como un todo, el cristianismo occidental ha subestimado la pneumatología. Ahora comprendo mejor un comentario que nuestro editor, John Armstrong, hizo recientemente de que la interpretación reformada de la presencia real tiene algunas cosas en común con la teología ortodoxa oriental. Substanciar esas similitudes sería una discusión a la que yo daría la bienvenida.

Quizás más instructivos para el cristiano católico que lea este capítulo son los distintos comentarios que reporta la experiencia de la recepción de la Cena del Señor por el cristiano reformado. En la Universidad discutía de teología frecuentemente con mi compañero de habitación, que provenía de la Iglesia Unida de Cristo, pero de una congregación que históricamente había formado parte de la Iglesia Evangélica Reformada. Un Jueves Santo fui a la iglesia con él y observé la celebración de la Santa Comunión. Lo que observé fue una experiencia que para él era claramente muy superior a la descripción doctrinal que él había dado en nuestras discusiones.

Todavía, mientras leo el capítulo, me viene a la mente una serie de preguntas. Un aspecto central en ellas es el uso de un lenguaje subjetivo de principio a fin. Hesselink cita a Calvino diciendo que un sacramento «es un signo exterior por medio del cual el Señor sella sobre nuestras conciencias las promesas de su buena voluntad» (p. 60), que los sacramentos fueron dados por Dios para establecer y aumentar nuestra fe (p. 61), que «Si falta el Espíritu, los sacramentos no pueden lograr nada más en nuestras mentes que el esplendor del sol que brille sobre ojos ciegos, o una voz que suene en oídos sordos» (p. 61), que los beneficios de los sacramentos, con ayuda de signos externos «se confieren mediante el Espíritu Santo, que nos hace partícipes en Cristo» (p. 62), y que «a fin de disfrutar la realidad de los signos, nuestras mentes tienen que elevarse al cielo donde está Cristo» (p. 66). Todos estos son efectos mentales. Entonces, ¿qué es en realidad la presencia?

Otra cuestión tiene que ver con el énfasis en los temas de espacio y tiempo. Leemos en el capítulo de Hesselink del «ascendido Cristo, distante» (p. 64); que «Cristo está presente para nosotros en la Cena aunque se halle físicamente distante de nosotros» (p. 64), que «la carne de Cristo, tan alejada de nosotros por la distancia, penetre hasta nosotros haciéndose alimento nuestro» (pp. 63-64). Parece que con esta visión linear del tiempo Cristo está en nuestro pasado y en nuestro futuro pero no en nuestro presente. Mientras Cristo permanece a la diestra del Padre, él no está atrapado allí de la manera que Lázaro lo estaba al lado de Abraham (Lc 16:22). Él está tan presente como lo estaba en la Última Cena. Aunque casi no puedo dar con ello después de estudiar el capítulo de Hesselink, hay un importante tema teológico aquí, que envuelve tanto la doctrina de la encarnación como la comunión de los santos.

Puede que el último sea de hecho el problema. Parece haber una vacilación en la teología reformada a la hora de hablar en tiempo presente de la comunión de los santos, tanto de los que están en la tierra como los que están en el cielo. Quizás sería más exacto decir que hay una renuncia a la hora de hablar sobre una relación los santos que están sobre la tierra y los que están en el cielo en el momento presente. El Concilio Vaticano II enseñó: «De manera que la unión de los peregrinos con los hermanos que duermen en la paz de Cristo de ninguna manera está interrumpida, sino al contrario, de acuerdo con la fe constante de la Iglesia, un intercambio de dones espirituales refuerza esta unión».[1]

Así que, al haber destapado ahora un enorme avispero, déjenme simplemente sugerir que una reconsideración de la doctrina de la comunión de los santos del antiguo credo puede enriquecer nuestra conversación sobre la presencia real de Cristo en la Cena.

Notas: Capítulo 2: Punto de Vista Reformado
(I. John Hesselink)

1. Keith Mathison: Given for You: Reclaiming Calvin's Doctrine of the Lord's Supper (Phillipsburg, N.J.: P & R Publishers, 2002). Charles Hodge admitió francamente que sobre este tema se sentía más cerca de Bullinger, sucesor de Zwinglio, que de Calvino. Este fue retado por el competente teólogo reformado germano-americano John Williamson Nevin en un libro sobre la Eucaristía titulado The Mystical Presence: A Vindication of the Reformed or Calvinistic Doctrine of the Holy Eucharist (1846). Una posición aún más cercana a Zwinglio fue asumida por el influyente teólogo presbiteriano sureño Robert Dabney (1820-1898). Sobre estas y otras reacciones a la teología de Calvino en los siglos XIX y XX, vea el capítulo 4 en el libro de Mathison.

2. Sobre Beza, vea Jill Raitt: The Eucharistic Theology of Theodore Beza: Development of the Reformed Doctrine (Atlanta, GA: Scholars Press, 1972). Sobre Pedro Mártir, vea Joseph C. McLelland: The Visible Words of God: A Study in the Theology of Peter Martyr, 1500-1562 (Edimburgo: Oliver & Boyd, 1957). T. F. Torrance escribe en el prólogo: «De hecho, es su tipo de teología reformada, particularmente la doctrina de la Iglesia y los Sacramentos, las que resultaron muy atrayentes para la Iglesia de Inglaterra y la Iglesia de Escocia, y todavía revela la unidad básica entre las dos».

3. Juan Calvino: Institutes of the Christian Religion [Institución de la Religión Cristiana], ed. John T. McNeill (Filadelfia: Westminster, 1960), IV.14.1. De aquí en adelante simplemente insertaré citas de la Institución en el texto [versión inglesa], utilizando la forma abreviada Inst.

4. Tomado de Calvino: Theological Treatises [Tratados Teológicos], ed. J. K. S. Reid (Filadelfia: Westminster, 1954), p. 131. Para otras referencias del crucial papel del Espíritu Santo en relación con los sacramentos, vea Institución IV.14.8, 10, 11, 22.

5. Juan Calvino, «Antidote to the Council of Trent» [«Antídoto del Concilio de Trento»], Canon IV, en Calvin's Tracts and Treatises, vol. 3, ed. T. F. Torrance (Grand Rapids: Eerdmans, 1958), 174.

6. Cito de la traducción de la versión latina (1538) por Ford Lewis Battles (vea mi Calvin's First Catechism: A Commentary [Louisville: Westminster, 1987], 35). Porciones de este capítulo se toman de ese libro. La palabra clave en esta cita es «comunicación» (communicatio), la cual tiene un significado mucho más rico en latín que en la lengua inglesa común. Calvino utiliza la misma palabra unas pocas líneas más adelante en el Catecismo cuando apunta que, pese a la lejanía de Cristo de nosotros, «ninguna distancia puede impedir que el poder [de Cristo] alimente de él a sus creyentes». Este término ocurre con una frecuencia relativamente menor en la Institución, donde Calvino usa un lenguaje más gráfico para indicar cómo se experimenta a Cristo en la Cena (no obstante, vea IV.17.38). El término también se usa varias veces en el Catecismo Breve sobre la Cena del Señor, de Calvino (redactado en 1540, poco después del Catecismo). Aquí él declara que «negar la verdadera comunicación de Jesucristo que se nos ofrece en la Cena es convertir este santo sacramento en algo frívolo e inútil» (Calvin: Theological Treatises, p. 146). En otros

contextos Calvino sustituye la palabra «comunión» (communio) por «comunicación» al discutir la Cena, de manera que ambas encierran la misma idea.

7. Joachim Westphal, pastor luterano de Hamburgo, reaccionó violentamente ante el Consenso de Zurich, el acuerdo sobre la Cena del Señor elaborado por Calvino y Bullinger, el sucesor de Zwinglio. Westphal acusó a Calvino de herejía, a lo que Calvino respondió con dos tratados (vea Calvin's Tracts and Treatises, vol. 2 ed. T. F. Torrance [Grand Rapids: Eerdmans, 1958], pp. 244-494).

8. Más adelante en la Institución Calvino advierte sobre gente como Westphal quienes enseñan que hay una «mezcla, o transfusión, de la carne de Cristo con nuestra alma». Calvino piensa que se evita este daño y aun se mantiene una verdad vital si creemos que «nos debe bastar que Jesucristo, de la sustancia de su carne, inspira vida en nuestra alma, de veras introduce su propia vida en nosotros, aunque su carne no entre en nosotros» (IV.17.32). Esta es una distinción crucial.

9. Brian Gerrish concluye su estudio de la doctrina eucarística de Calvino con el siguiente párrafo: No sorprende del todo que los acérrimos eclesiásticos reformados no solo se hayan sentido perplejos, sino ofendidos por la plática de Calvino sobre la comunicación de la carne de Cristo que destila vida. Estos deben escoger rechazarla como una peligrosa intromisión en la teología reformada e insistir en que el cuerpo de Cristo da vida solo porque fue crucificado. Pero al hacerlo deben notar que el punto de vista de Calvino de la Cena del Señor estaba vinculado a una concepción integral de lo que significa ser salvo y de cómo el acto histórico de Cristo alcanza el momento presente. Es imposible leer las ideas de Calvino sobre el bautismo y la Eucaristía en su propio contexto histórico y no ver que en parte se desarrollaron como una advertencia contra lo que él consideraba otro peligro: una mentalidad que reduce los signos sagrados a meros recordatorios, la comunión con Cristo a creencias sobre Cristo, y el cuerpo vivo de la Iglesia a una asociación de individuos que piensan igual. Solo un estudio cuidadoso de la posterior historia reformada puede mostrar cuál de los dos peligros ha devenido el mayor. Pero pienso que por lo menos esto se puede decir como conclusión: aun si los calvinistas tienen las mayores dificultades al expresar que es ese algo más que experimentan en el banquete sagrado, la teología ecuménica siempre necesitará de ellos para inclinar la barca reformada hacia el lado de Calvino» (Grace and Gratitude [Minneápolis: Fortress, 1993], p. 190).

10. Vea, p. ej.: Hermann Sasse: This Is My Body: Luther's Contention for the Real Presence in the Sacrament of the Altar (Minneápolis: Augsburg, 1959); Carl Braaten y Robert Jenson, eds., Christian Dogmatics, vol. 2 (Filadelfia: Fortress, 1984), pp. 357ss.

11. Juan Calvino: «Short Treatise on the Lord's Supper» [Breve Tratado sobre la Cena del Señor], en Calvin: Theological Treatises, p. 147. Como Robert Letham anota: «Hay una conjunción inseparable de signo y realidad» (The Lord's Supper: Eternal Word in Broken Bread [Phillipsburg, N. J.: P & R Publishing, 2001], p. 29).

12. Calvin: Theological Treatises [Tratados teológicos], p. 149.

13. Esta cita es de una traducción de la edición latina (1545) por J. K. S. Reid (Calvin: Theological Treatises, p. 137). La edición francesa más temprana es más concisa: Somos capaces de participar de la sustancia de Cristo, aunque él esté en el cielo, «por el incomprensible poder de su Espíritu, que conjuga cosas separadas por la distancia» (The School of Faith of the Reformed Church, ed. T. F. Torrance [Londres: James Clarke, 1959], p. 62).

14. Juan Calvino: The First Epistle to the Corinthians [La Primera Epístola a los Corintios] (Grand Rapids: Eerdmans, 1960), p. 247, sobre 1 Co 11: 24). Calvino también escribe: «La distancia no previene en lo absoluto a Cristo morar en nosotros, o ser uno con nosotros, pues la eficacia del Espíritu supera todos los obstáculos naturales» («The True Partaking of the Flesh and Blood of Christ en the Holy Supper», en Calvin's Tract and Treatises, 2:519).

15. Calvino: First Corinthians, p. 246, sobre 1 Co 11:24. Thomas J. Davis apunta que «carne» en este contexto no es un «simple sinónimo de "piel" y "músculos", pese a que el aspecto corporal está ciertamente incluido en la palabra "carne". No obstante, la palabra también significa para Calvino algo más que eso». En sus comentarios sobre Romanos 3:20, 7:5, y 7:18, Calvino explica que «la palabra "carne" sirve para designar lo que corresponde al ser humano». De manera que, en la Eucaristía «es en esa plena humanidad que participan los cristianos cuando se les une a Cristo» (The Clearest Promises of God: the Development of Calvin's Eucharistic Teaching [Nueva York: AMS Press, 1995], p. 113).

16. Note que en estas citas el Espíritu Santo no es meramente el canal entre Cristo y su pueblo, sino que él [Cristo] también «destila vida dentro de nosotros desde el cielo» («The Partaking of the Flesh and Blood of Christ», en Calvin's Tracts and Treatises, vol. 2, pp. 518-519).

17. Christopher Kaiser ha hecho un detallado estudio de lo que quiere decir Calvino con la noción de elevar nuestros corazones al cielo y buscar allí a Cristo en la celebración de la Eucaristía y concluye que: (1) Calvino no utilizaba simplemente una figura del lenguaje para describir una actitud mental; (2) que debemos tomar las referencias de Calvino del «eucarístico ascenso de nuestras almas de manera literal»; y (3) que este ascenso eucarístico «era el medio de nuestra unión mística con Cristo». Calvino subrayó «el papel de Cristo (y del Espíritu) en nuestro ascenso e hizo de la presencia real de Cristo en el sacramento una precondición para nuestro ascenso hacia Cristo en el cielo» («Climbing Jacob's Ladder: John Calvin and the Early Church in Our Eucharistic Ascent to Heaven», Scottish Journal of Theology 56/3 [2003]: pp. 252-253).

18. Ronald Wallace escribe: «Calvino aparece a veces como inconsistente en sus declaraciones sobre la Cena del Señor. Puede que en un sitio niegue que Cristo "desciende a la tierra en la Cena"... y aun así en otros lugares habla abiertamente sobre Cristo como que desciende a través de la Cena. Lo que trata de decir depende del contexto y del curso tomado por el argumento que ha llevado a la formulación del aserto» (Calvin's Doctrine of Word and Sacraments [Edimburgo: Oliver & Boyd, 1953], p. 208).

19. Calvin: First Corinthians [Primera a los Corintios], p. 246, sobre 1 Co 11:24, énfasis añadido.

20. Pese a tanta modestia, Calvino está aun convencido de que su punto de vista es verdadero y está «confiado» en que ese punto de vista «será aprobado por los corazones piadosos» (Inst. IV.17.7).

21. Esto no significa que debemos refugiarnos en una ignorancia piadosa o una pobre teología. Como correctamente señala Kilian McDonnell en relación con comentarios como este: «Calvino reconocía un misterio cuando veía uno y sabía que el misterio estaba más allá de la capacidad de comprensión humana... Pero la insistencia en el elemento del misterio no es razón para eludir una explicación: "Es muy necesario entender un misterio tan grande; y por ser tan alto requiere una

explicación particular" [Inst. IV.17.1]» (John Calvin, the Church, and the Eucharist [Princeton, N.J.: Princeton Univ. Press, 1967], p. 207).

22. Calvin: Theological Treatises [Tratados teológicos], p. 49.

23. Ibíd., p. 66. En la Institución, Calvino condena la práctica de celebrar la Cena sólo una vez al año en la Iglesia Católica, cita Hechos 2:42, y comenta: «Así pues, se convirtió en una regla constante que ninguna reunión de la iglesia debía tener lugar sin la Palabra, oraciones, y la participación en la Cena, y las ofrendas. Que esto era el orden establecido entre los corintios también se puede inferir de Pablo [cf. 1 Co 11:20]» (IV.17.44).

24. Sobre la renovación reformada de la liturgia, vea Howard G. Hageman: Pulpit and the Table: Some Chapters in the History of the Reformed Churches (Richmond, VA: John Knox, 1962); Jack Martin Maxwell, Worship and Reformed Theology: The Liturgical Lessons of Mercersburg (Pittsburgh, PA: Pickwick, 1976).

25. Mathison: Given for You, p. 292 (vea especialmente el capítulo 9 de «Practical Issues and Debates»).

26. Ya sea que se use vino o jugo de uvas se trata normalmente de una cuestión de preferencias por parte de los ancianos o de una congregación dada. Aquellos con amplias tendencias eclesiásticas prefieren el vino, pero la gran mayoría de las iglesias utilizan jugo de uvas. Algo interesante, Keith Mathison, un presbiteriano conservador, es inflexible en cuanto al uso del vino. Para él no es una cuestión adiaphora— indiferente. Insiste en que se use el vino y argumenta el caso extensamente (dieciséis páginas) en su libro Given for You. Concluye: «Debido al hecho irrefutable de que se usó vino en la institución por Jesús de la Cena del Señor, y debido a que el uso del vino en la Cena del Señor fue una práctica indiscutida durante los primeros 1800 años de la existencia de la iglesia, sobre aquellos que han sustituido el vino por jugo de uvas recae una gran carga de prueba» (p. 313). Robert Letham concuerda y hace esta interesante observación: «El vino en sí mismo encierra la naturaleza embriagadora del Evangelio» (The Lord's Supper, p. 53). Por supuesto, ¡esto depende de si se disfruta el vino!

27. Letham: The Lord's Supper, p. 51.

28. La exhortación completa, que es bastante larga, se puede encontrar en el libro de adoración de RCA titulado Worship the Lord (Grand Rapids, Eerdmans, 1987), p. 27.

29. La historia del debate y los varios trabajos presentado por la Comisión Teológica, junto con las objeciones suscitadas en el Sínodo General, se hallan en The Church Speaks, vol. 2, ed. James I. Cook (Grand Rapids: Eerdmans, 2002), pp. 155-164.

30. Vea los comentarios de Robert Letham, ministro Presbiteriano Ortodoxo y profesor, en su libro The Lord's Supper, pp. 55-57.

Notas: Capítulo 2: Una respuesta católica romana (Thomas A. Baima)

1. Catecismo de la Iglesia Católica (CIC), p. 955.

Capítulo tres

EL PUNTO DE VISTA LUTERANO

Encontrar la palabra correcta

David P. Scaer

EL PUNTO DE VISTA LUTERANO

Encontrar la palabra correcta

David P. Scaer

A veces la posición luterana sobre la Cena del Señor otros la describen como «consubstanciación», que significa etimológicamente «una sustancia al lado de la otra». Junto con el pan y el vino, los que reciben la Cena reciben el cuerpo y la sangre de Cristo. Raramente los luteranos utilizan este término y es más probable que usen la frase «la presencia real» para describir su creencia que los elementos del pan y el vino son realmente el cuerpo y la sangre de Cristo y se les da a y son recibidos por todos los que participan en la Cena del Señor. Sin embargo, esta frase utilizada comúnmente tiene sus inconvenientes. Se la puede utilizar a partir de la creencia de que Cristo está presente en la Cena sólo espiritualmente—no en su verdadero cuerpo y sangre.[1] No muchos cristianos disputarían que Cristo esté presente en la Cena del Señor conforme a su divinidad, por el poder del Espíritu, o por ser recordado. Algo crucial para los luteranos es que Jesús de Nazaret —nacido de la Virgen María, crucificado y ahora levantado de los muertos— se da a los participantes.[2]

Una definición de consubstanciación del diccionario se ajusta al punto de vista luterano: «La unión substancial del cuerpo y la sangre de Cristo con los elementos eucarísticos tras la consagración»; otra no definición no se ajusta: «En la consagración de la Eucaristía la sustancia del cuerpo y la sangre de Cristo coexisten con la sustancia del pan y el vino consagrados». «Coexisten» sugiere, o por lo menos permite, que el cuerpo y la sangre de Cristo estén junto a los elementos terrenales sin ninguna comunión esencial entre ellos.[3]

Las Confesiones Luteranas, al describir el cuerpo y la sangre de Cristo como que están «en, con y debajo» del pan y el vino, pueden haber permitido a otros utilizar «consubstanciación» para describir este punto de vista. Estas preposiciones estaban destinadas a afirmar que los elementos terrenales eran realmente el cuerpo y la sangre de Cristo y no a explicar cómo los elementos terrenales y divinos estaban asociados espacialmente. En las Confesiones Luteranas más antiguas, las tres preposiciones no se utilizaban juntas. El Artículo 10 de la edición alemana de la Confesión de Augsburgo dice que «El cuerpo y la sangre verdaderos de Cristo están realmente presentes bajo la forma [*Gestalt*] del pan y el vino», una formulación que sus oponentes romanos encontraron aceptable. En el Catecismo Breve, Lutero usa *bajo*: este «es el verdadero cuerpo y la sangre de nuestro Señor Jesucristo bajo el pan y el vino». En el Catecismo Mayor, utiliza dos preposiciones: el Sacramento del Altar «es el verdadero cuerpo y la sangre del Señor Jesucristo, *en* y *bajo* el pan y el vino». El Artículo 10 de la Apología de la Confesión de Augsburgo utiliza con: «El cuerpo y la sangre de Cristo están realmente y sustancialmente presentes y son distribuidos verdaderamente con aquellas cosas que se ven, el pan y el vino». Si el *con* permite en sí mismo la consubstanciación, el *en*, (Cristo está *en* el pan y el vino) sugiere empanización, la creencia que el cuerpo de Cristo está contenido en el pan consagrado como una nuez en una galleta. Utilizadas juntas, estas preposiciones afirman que los elementos son realmente el cuerpo y la sangre de Cristo y no tienen significado espacial.[4] Suficiente es la explicación de Lutero de que el pan y el vino «son verdaderamente el cuerpo y la sangre de Cristo».[5]

LAS PECULIARIADADES LUTERANAS Y LA CENA DEL SEÑOR

La justificación por la fe fue la primera doctrina característica que distinguió a los luteranos de los católicos romanos, pero el punto de vista sobre la Cena del Señor que los separó de los reformados pronto reclamó igual importancia. Las interpretaciones reformadas de la Cena no eran todas de la misma clase, pero común a todas ellas era la enseñanza de que el pan y el vino no eran el cuerpo y la sangre de Cristo. Los puntos de vista meramente espirituales, simbólicos o recordatorios no eran tolerables para los luteranos.[6] Estos rechazaban la doctrina romana de la transubstanciación, que sostenía que las sustancias del pan y el vino se convertían físicamente en el cuerpo y la sangre de Cristo de manera que se mantenían las propiedades del pan y el vino pero no sus substancias;[7] no obstante, los puntos de vista reformados se veían como más peligrosos.

Para salvaguardar su posición, los luteranos establecieron tres criterios para una definición aceptable de la Cena del Señor: (1) El cuerpo y la sangre de Cristo se reciben por la boca y no solo por la fe o el alma. (2) Los incrédulos, no solo los creyentes, reciben de hecho el cuerpo y la sangre de Cristo. (3) Los puntos de vista contrarios a este deben ser condenados.[8] Para los luteranos, verdadero identificaba los elementos sacramentales con el cuerpo y la sangre reales de Cristo. En la distribución del sacramento, verdadero estaba incluido: «Toma y come; este es el verdadero cuerpo del Señor Jesucristo». Un mero punto de vista espiritual era inaceptable.

LA CENA DEL SEÑOR ENTRE LOS SACRAMENTOS

Ya que los luteranos entendían la Cena del Señor como un sacramento, la definición y el número de sacramentos salió a relucir. Los católicos romanos insisten en siete y los reformados en dos. Para los luteranos, esta es una cuestión abierta,[9] aunque la mayoría sigue a Lutero en la utilización de la palabra sacramento solo para el bautismo y la Cena del Señor. Para Lutero, el bautismo y la Cena del Señor están constituidos por la palabra de Dios —o sea, por la institución de Jesús— e implican elementos terrenales. El bautismo sienta el fundamento de la Cena, que a su vez le recuerda al creyente el bautismo. Lo que nace en el bautismo se alimenta por medio de la Cena del Señor.[10]

En lugar de proveer una definición a priori de un sacramento y entonces decidir cual rito de la Iglesia llena el criterio, la Confesión de Augsburgo deja que cada rito descanse sobre su propia institución y se le defina por sus funciones particulares. Esto permite una gradación desde ritos que cuentan con el explícito mandato de Cristo a aquellos instituidos por la Iglesia. La penitencia y la ordenación pueden ser sacramentos, porque en ellos obra Dios para crear y fortalecer la fe, que se ve como una de las acciones que Dios realiza a través de la Palabra, esto es, a través de Cristo y el evangelio. A cualquier número de ritos se les puede llamar sacramentos, pero cada uno tiene su propia función, promesa, y necesidad.[11]

El bautismo establece el fundamento de la vida cristiana, y la Cena del Señor es la meta. Se requiere una administración urgente del bautismo, pero solo ministros ordenados pueden administrar la Cena del Señor. El bautismo, como el nacimiento, es un evento irrepetible que ocurre una vez en la vida; como nutrición para la vida del cristiano, la Cena del Señor se recibe regularmente. Solo los bautizados pueden recibir la Cena.

La Confesión de Augsburgo discute el bautismo en el Artículo 9 y la Cena del Señor en el Artículo 10, pero una discusión general sobre los sacramentos solo viene después en el Artículo 13, después de los artículos sobre la confesión y el arrepentimiento.[12] Al definir el sacramento, el autor de estas confesiones, Felipe Melanchton, colega de Lutero en la Universidad de Wittenberg, hace énfasis en la presencia de Dios en el ritual para perdonar pecados.[13] Como para Lutero, los sacramentos tienen que ver con cosas físicas, tangibles; solo el bautismo, administrado con agua, y la Cena del Señor, con los elementos del pan y el vino, cumplen el requisito. Éste se refiere a ellos como los «dos sacramentos instituidos por Cristo»,[14] pero habló de la penitencia como la práctica del bautismo[15] y habló del matrimonio en términos sacramentales. Esencial en ambas definiciones era que en los sacramentos Dios obraba para la salvación de los creyentes.

En el bautismo se incorpora al creyente al cuerpo de Cristo; en la Cena del Señor, se recibe ese cuerpo. El bautismo es el presupuesto de la Cena del Señor, que su vez es la consumación del bautismo; pero ambos ofrecen perdón. Uno no se puede sustituir por el otro; ni se puede invertir el orden. Ni a los creyentes no bautizados más sinceros se les debe administrar la Cena del Señor. Los luteranos hablan de la Palabra que hace el sacramento y del sacramento como la Palabra visible. La Palabra crea la fe por el oír, y esta Palabra cambia el pan y el vino ordinarios en el cuerpo y la sangre de Cristo y crea y confirma la fe. El bautismo da un nuevo nacimiento por la aplicación de la Palabra en el agua y coloca al recipiente en la muerte y la resurrección de Cristo. En la Cena del Señor, Cristo llega al creyente en el pan y el vino. Si estas distinciones se mantienen desconocidas, los cristianos pueden sentirse falsamente complacidos con solo escuchar la Palabra o recibir solo uno de los sacramentos y así privarse de los beneficios que Dios les propone.[16]

EL DIOS SACRAMENTAL

Los sacramentos no son sólo innovaciones del Nuevo Testamento sino más bien las formas ordinarias en las cuales Dios llegó a su pueblo del Antiguo Testamento antes de la Caída.[17] Él estuvo presente en el árbol de la vida para establecer comunión con nuestros primeros padres (Gn 2:9) y después en el arco iris (Gn 9:13) y en los sacrificios para perdonar los pecados (Lv 4:1—5:13). De esa manera los primeros cristianos judíos fueron ya sacramentales en sus reflexiones históricas y sus prácticas litúrgicas y estaban preparados para reconocer la presencia de Cristo en el pan y el vino. La Pascua (Éx 12:1-30),[18] los sacrificios, y la alimentación con el maná en el desierto (Éx 16:1-36) fueron reunidos y elevados a dimensiones nuevas y más altas en la Cena del Señor. Pablo explica la Cena del Señor en el contexto de la alimentación con el maná: «Todos también comieron el mismo alimento espiritual y tomaron la misma bebida espiritual, pues bebían de la roca espiritual que los acompañaba, y la roca era Cristo» (1 Co 10:3-4).[19] El Dios que viene en la encarnación y los sacramentos ya moraba con Israel.

EL SACRAMENTO ENTRE LA EXPIACIÓN Y EL PERDÓN

La Cena del Señor pone a los participantes cara a cara con la muerte y la expiación de Cristo, de manera que los pecados puedan ser perdonados. La sangre de Cristo que se da en la Cena del Señor se ofrece primero a Dios como expiación: «Esto es mi sangre del pacto, que es derramada por muchos para el perdón de pecados» (Mt 16:28). La sangre de Cristo se derrama en sacrificio o chorrea de su cuerpo como una expiación para satisfacer las acusaciones de Dios contra los pecadores. Con las demandas del antiguo pacto satisfechas, Dios establece un nuevo pacto en el cual se ofrece el perdón por los pecados de aquellos que participan de la Cena. Este es el nuevo pacto o testamento (c 22:20; 1 Co 11:25).[21]

Con su cuerpo y su sangre Cristo está presente en la Iglesia como el sacrificio a Dios por el pecado. Lo que Cristo sacrificó a Dios se lo da como sacramento a su pueblo. El sacrificio y el sacramento son las dos caras de una misma realidad. En la liturgia la congregación saluda a Cristo de forma apropiada como la expiación por el pecado en el Agnus Dei: «Cordero de Dios, que quitas el pecado del mundo, ten misericordia de nosotros». Como la sangre de los corderos preservó de la muerte a los muchachos israelitas, de esa manera la sangre de Cristo preserva a los cristianos de la muerte por medio de la sangre de Cristo en la Cena del Señor. En este sacramento la Iglesia proclama la muerte del Señor hasta que él venga (1 Co 11:24-26) y confiesa que su muerte es el sacrificio por sus pecados y por aquellos del mundo (Jn 6:51). A los creyentes se les promete vida eterna y la resurrección ameritada por la muerte de Cristo (v. 54).[22] Los incrédulos y aquellos con pecados no resueltos lo encuentran como juez. A ese respecto, aquellos que se acerquen a esta Cena tienen que hacerlo con mucho cuidado. En el sacramento, expiación y juicio vienen juntos.

LA CENA DEL SEÑOR COMO SIGNO

Los sacramentos son signos a los que está adherida la Palabra de Dios. Los signos exteriores son afirmaciones de que Dios es el Creador y señalan a cosas sobrenaturales contenidas en los sacramentos; cosas que de hecho están adheridas a ellos. Ellos comunican gracia redentora y significan que el Creador está en casa en su Creación. En los sacramentos el Creador se convierte en uno con su Creación al tomar sus formas. La unión sacramental en la cual Jesús viene como pan y vino es un paso que va más allá de la encarnación en la que Dios se hizo carne en Jesús de Nazaret. Las cosas creadas corruptibles se convierten en vehículos adecuados para los elementos del cuerpo y la sangre de Cristo. Se rechaza el principio de *finitum non capax infinitum* («lo finito es incapaz de contener lo infinito»), un argumento que a menudo se esgrime contra la creencia luterana de la presencia de Cristo en el pan y el vino y del Dios que da su plena majestad a la naturaleza humana de Jesús (la *genus maiestaticum*). Un axioma filosófico no puede ser la base de una doctrina, pero los términos de este axioma pueden revertirse para reforzar la posición luterana. No es una cuestión de si lo finito es capaz de contener lo infinito sino de si lo infinito es capaz de contener lo finito (*infinitum capax finitum*). Si esto no es así, entonces lo infinito es menos que infinito.

Otro axioma (a saber, que un objeto solo puede ocupar un lugar en un momento dado) no tiene cabida en la teología luterana. Jesús puede estar presente en un lugar —presencia local— pero no está atado por las reglas ordinarias de espacio y tiempo —la presencia indeterminada. Su presencia en la Cena del Señor es única y se le llama por lo común «presencia sacramental», ya que su cuerpo y su sangre son distribuidos por los ministros y consumidos por los comulgantes. Esto está relacionado con la omnipresencia de Cristo, pero no es idéntica a ella. Dios está presente en todas las cosas, pero para la salvación está presente en algunas cosas (es decir, los sacramentos) y no en otras. Al instituir el sacramento, Jesús se sentó con los discípulos, que lo recibieron en el pan y el vino, y en el mismo momento estaba presente donde Dios estaba. Encontrarlo y adorarlo en cosas que él no ha designado es idolatría. A Dios lo encontraron y lo adoraron en Jerusalén, pero no en Betel.

Hoy él está presente para nuestra salvación en cosas llamadas sacramentos a fin de probar nuestra fe en él al aceptar su invitación de encontrarlo en estas *cosas*. Esto lo hace él de forma preeminente en la Cena del Señor.[23] Si no lo reconocemos en los elementos o si rehusamos su invitación, somos culpables de incredulidad y no recibimos los beneficios que él coloca en los sacramentos. Sustituir el pan y el vino por otros elementos es un acto de desobediencia. Un ritual como ese puede ser sacramental en el sentido de que la Palabra de Dios está presente, pero no es un sacramento instituido por Cristo. Así como Dios estaba presente en el hombre Jesús, y en nadie más, para la salvación, de igual forma Jesús está presente en el pan y el vino para hacer a los participantes beneficiarios de la salvación que Dios ha realizado en él.[24]

Lutero utilizó la definición de Agustín de que un sacramento estaba constituido por la Palabra a la que se había unido un elemento físico escogido por Dios; la Palabra que tornaba cosas ordinarias en sacramentos para perdonar pecados.[25] Para ilustrar esto, Lutero habló del Dios que utilizaba una paja para impartir gracia, aunque sin sugerir que Dios había hecho o haría esto en realidad.[26] Él quería mostrar lo que podía hacer la Palabra de Dios con cosas ordinarias. Los elementos externos de los sacramentos como signos se corresponden con lo que son y hacen los sacramentos. Como el agua en el bautismo, el pan y el vino no se escogen arbitrariamente, sino que sus formas exteriores comunican y se corresponden con las cosas celestiales que contienen. Así como en el bautismo el agua simboliza la creación, el nacimiento, y la destrucción, el pan es una reminiscencia de lo que los humanos tienen que producir con el sudor de su frente para sobrevivir en un mundo de pecado (Gn 3:19). Se trata de un recordatorio de nuestra condición caída y de la necesidad de comer el cuerpo de Cristo para salvación.

Acertadamente, Cristo se describe a sí mismo como «pan» (Jn 6:33, 35, 48, 51) y como la «vid» (Jn 15:1), la cual es la fuente del vino. Hasta la Reforma, la cuarta petición del Padrenuestro («Danos hoy nuestro pan cotidiano») [Mt 6:11] se entendía ampliamente como una referencia a la Eucaristía. Era una oración a Dios para que diera a Jesús como el pan celestial. Mientras comemos al pan, Jesús nos hace partícipes de su cuerpo y perdona nuestras deudas. El vino anticipa las alegrías del cielo, que ya pertenecen a los creyentes en Jesús. Este toma del fruto de la vid con nosotros en la Cena de Señor y participa en el sacramento con nosotros (Mt 26:29).

La utilización del pan hecho sin levadura es la práctica más común entre los luteranos. Esto recuerda la Pascua, cuando en las casas de los israelitas se desechó la levadura. Otro argumento para el uso de pan sin levadura es que los evangelistas situaron la institución de la Cena durante la Fiesta de los Panes sin Levadura (Mt 26:17; Mr 14:1; Lc 22:1).[27] Las iglesias ortodoxas orientales utilizan el pan sin levadura como un recordatorio de que la Cena del Señor conmemora la Pascua, pero la utilización de pan con o sin levadura no ha sido una cuestión divisiva. Más seria es la práctica de sustituir el vino por jugo de uvas o aditivos. En primavera, cuando Jesús instituyó la Cena, solo se disponía de uvas fermentadas como vino. El uso de sustancias distintas al vino puede estar basado en que las bebidas alcohólicas, incluyendo el vino, no son un vehículo adecuado para el sacramento o que los elementos utilizados no tienen importancia. Si el consumo de alcohol es un problema para algunos, se puede utilizar un vino con un contenido menor de alcohol.

LA FE COMO LA DIGNA RECEPCIÓN DE LA CENA DEL SEÑOR

Los luteranos insisten en que la validez de la Cena del Señor descansa en el mandato de Cristo y no en la fe.[28] Tan importante como es la fe para una digna recepción de ella, la palabra de Cristo al instituir la Cena —no la fe— hace de ella un sacramento.[29] Los incrédulos y aquellos con una fe insincera que reciben el cuerpo y la sangre de Cristo los toman en su perjuicio.[30] El hombre de Corinto que vivía en abierto pecado con la mujer de su padre se dañaba a sí mismo. Sin comprometer la creencia de que la eficacia de la Cena del Señor no depende de la fe, se requiere que los comulgantes crean que Jesús se ofrece a través de los elementos terrenales, y solo por esta fe reciben el perdón ofrecido a través de ellos. El cuerpo y la sangre de Cristo se reciben por la boca, pero sus beneficios se reciben por la fe. Como se requería la fe para recibir la Cena del Señor, los luteranos mantuvieron la práctica de la confesión y la absolución (o penitencia, según se la llamaba). Lutero no la llamó de ordinario un sacramento, como hizo Melanchton, pero reservó un lugar para ella (la quinta de las seis partes) en su Catecismo Breve, entre las secciones sobre el bautismo y la Cena del Señor. La confesión con absolución fue siempre una práctica del bautismo y un requisito para recibir la Cena del Señor. Solo el penitente que creyera en los beneficios de la Cena del Señor podía recibirla. El bautismo, la absolución y la Cena del Señor se veían como un conjunto.

LA CENA DEL SEÑOR COMO EL ALIMENTO DEL ESPÍRITU SANTO

Junto con su insistencia en que los elementos eran el cuerpo y la sangre de Cristo, los luteranos hablaron de esta presencia como sobrenatural, celestial, y espiritual, aunque estos términos se prestaban a un mal entendido.[31] Como al maná se le llamaba comida espiritual, el sacramento del altar apenas podía ser algo inferior a eso. La comida sacramental era una comida espiritual. La boca y los dientes devoran el cuerpo de Cristo, pero este permanece intacto.[32] Los opositores reformados sostenían que con el ascenso de Cristo al cielo y su ubicación a la diestra del Padre, este podía estar presente espiritualmente, pero no realmente presente con su cuerpo y su sangre en el sacramento. Los luteranos sostenían que el hecho de que Cristo se sentara a la diestra del Padre no tenía nada que ver con su confinamiento a un espacio en el cielo[34] sino se refería al gobierno de Dios sobre la tierra.[35] La omnipresencia de la naturaleza humana de Cristo proveía un fundamento para su presencia sacramental pero no era la prueba de esta.

La prueba de la presencia de Cristo en el sacramento vino en las palabras de la institución que la efectuó. Esta no dependía de una particular comprensión de su omnipresencia ni una subcategoría de ella. Con su ascensión, Cristo entró en la vida sacramental de la iglesia. Dondequiera que se celebre la Cena del Señor, él está enteramente allí, Dios y hombre, cuerpo y alma. La distancia en el tiempo y el espacio no separan la institución de la Cena por Cristo el Jueves Santo de sus celebraciones subsiguientes. Donde no haya un pastor y una congregación, los creyentes pueden participar en la Cena de manera espiritual meditando en ella. Los luteranos no deben recibir la Cena del Señor en otras iglesias, pero deben meditar en sus misterios y beneficios.

El espíritu y lo espiritual se pueden entender en un sentido platónico de que solo las cosas del espíritu son reales. Las cosas físicas no son reales en sí mismas, sino sólo sombras del mundo de las ideas. De manera parecida, los reformados ven los elementos sacramentales como símbolos de las cosas divinas y atribuyen la unión de los creyentes con Cristo no a que reciben realmente su cuerpo y su sangre sino al Espíritu. Los luteranos rechazaron estos puntos de vista; no obstante, el papel del Espíritu tiene que confirmarse. El pan y el vino son símbolos, pero en el sentido de que contienen las realidades de cuerpo y la sangre de Cristo hacia las cuales apuntan. Estos simbolizan una realidad presente y no algo fuera de ellos.

Como un adjetivo del Espíritu Santo, espiritual es también un nombre propio. El Espíritu está activo en las palabras de consagración para crear la fe en los comulgantes y de esa manera la Cena del Señor es una comida espiritual. Aunque no se incluye una invocación trinitaria en la liturgia de la Cena del Señor, como se hace en el bautismo, esta no es en menor medida un acto trinitario. Las oraciones de la liturgia luterana tradicional se dirigen al Padre: «Es verdaderamente recto, justo y saludable, que en todo tiempo y en todos los lugares demos gracias, Señor, Santo Padre y Todopoderoso Dios». [36] Las cosas creadas por el Padre son transformadas por el Espíritu de Cristo en su cuerpo y su sangre a través de los cuales él obra y confirma nuestra fe. En la Cena del Señor el Spiritus Creator viene como el Espíritu Santificador para convertir las cosas que él creó en instrumentos de nuestra salvación. Él está presente no en una acción paralela o lateral al sacramento sino en las palabras de Cristo a través de los elementos sacramentales.

Un argumento a favor del papel del Espíritu Santo se puede formular a partir de la referencia de Pablo a la participación de los israelitas en el mismo alimento y la misma bebida espiritual, la cual era Cristo (vea 1 Co 10:3-4). Esta sección introduce el discurso de Pablo sobre la Cena del Señor (1 Co 10:14-22). En lugar de traducir pneumatikon como «sobrenatural», como hace la RSV inglesa, este se traduce mejor como espiritual, tal cual hacen la NVI y la RVR, como una referencia a lo que hizo el Espíritu Santo. El Espíritu que proveyó el maná y el agua como sacramentos para Israel obra de manera sacramental en el pan y el vino. Las liturgias de la Iglesia Ortodoxa le conceden un lugar prominente al Espíritu en la *epiklēsis*, por medio de la cual se invoca sobre los elementos para convertirlos en el cuerpo y la sangre de Cristo.[37] Esta no es la costumbre histórica luterana, pero la Apología toma nota de esto. En la Cena del Señor, el agente creador del Espíritu de Dios (Gn 1:2) eleva las cosas creadas del pan y el vino a un nivel más alto y más sagrado al hacer de ellos el cuerpo y la sangre de Cristo. No obstante en el centro de los argumentos luteranos a favor de la presencia de Cristo en la Cena están las palabras de institución: «Esto es mi cuerpo... esto [la copa] es mi sangre del pacto» (Mt 26:26, 28). A través de estas palabras Cristo instituye el sacramento. La palabra es se toma literalmente y no figuradamente. Las palabras pronunciadas por el ministro no reciben el poder de este, ni tampoco poseen un poder autónomo —algún tipo de magia— sino que su poder reside en la institución de Cristo.[38] Las palabras de Cristo son el único vehículo del Espíritu para obrar salvación.

LA PRÁCTICA DE LA CENA DEL SEÑOR

Durante casi dos siglos después de la Reforma, la Iglesia Luterana tuvo una celebración semanal dominical de la Cena del Señor. Esto indica su papel determinante para la vida cristiana y su importancia para la doctrina. El Pietismo y la Ilustración tuvieron un efecto dañino en la vida sacramental luterana. Aun iglesias seriamente comprometidas con las enseñanzas de Lutero ofrecían la Cena del Señor no más de cuatro veces al año. Irónicamente, la iglesia que se definía a sí misma por su doctrina de la Cena del Señor, eliminó su práctica del culto regular, con unas pocas excepciones.

Hoy en día la mayoría de las congregaciones luteranas de los Estados Unidos tienen una celebración semanal de la Cena del Señor. Su celebración el domingo no se ve como un mandato requerido por la observancia del Sabat, sino como la celebración de la resurrección del Señor. Esta trasciende y abarca el tiempo y el espacio entre su institución y su celebración perfecta en el cielo. También es apropiada su celebración cualquier día, en fiestas especiales o días de santos. En la Cena, Cristo es el templo, el sacerdote, y el sacrificio, de manera que peregrinaciones a santuarios y esfuerzos por restaurar a Israel como el pueblo de Dios y reconstruir Jerusalén con su templo se vuelven obsoletas. Los participantes en el sacramento han llegado a la Jerusalén celestial.[39]

LA CENA DEL SEÑOR: ¿QUÉ TIENE QUE VER UN NOMBRE?

Cuando los luteranos hablan del sacramento, lo más probable es que se refieran a él como la Cena del Señor. Igual que otras designaciones (p.ej., «la mesa del Señor» [1 Co 10:21], está tomada del Nuevo Testamento: «Cuando se reúnen, ya no es para comer la Cena [*deipnon*] del Señor» (1 Co 11:20; itálicas añadidas). El uso de esta designación es más significativo hoy en día a la luz de las dudas históricas suscitadas por especialistas críticos, los cuales sostienen que Jesús puede haberse reunido con sus discípulos en comidas antes de su muerte, pero sus orígenes como un sacramento recaen en sus seguidores, que después de su muerte llegaron a creer que él había resucitado. Las comidas recordatorias, en las cuales el pan y el vino se identificaron finalmente con Cristo, asumieron un carácter sagrado.

Los cristianos que discuten sobre la presencia de Cristo en la Cena deben primero concordar en que él instituyó la comida como un sacramento. Sin esta convicción histórica, el rito difícilmente puede ser llamado la Cena del Señor, y las subsecuentes cuestiones teológicas se vuelven debatibles. Si bien es llamada la Cena del Señor porque fue instituida en una comida vespertina, ha sido celebrada desde tiempos antiguos en la mañana, frecuentemente al amanecer, para conmemorar la resurrección. Sus términos rituales fueron establecidos un Jueves Santo, pero sus orígenes descansan en la muerte de Cristo como una expiación por los pecados. Las palabras griegas traducidas «la noche en que fue traicionado» (1 Co 11:23) también se pueden traducir como «la noche en que fue entregado», es decir, Dios entregó a Jesús a Satanás de manera que, luchando con Satanás y la muerte, Jesús pudiera vencerlos. Por la crucifixión su sangre mana de su cuerpo, de manera que ambos pueden convertirse en los elementos celestiales del sacramento. Con su cuerpo y sangre, o sea, como sacerdote y víctima del sacrificio, Cristo entra en la asamblea de creyentes para perdonar sus pecados. El propio Jesús es la Palabra que hace de los elementos terrenales su cuerpo y su sangre. Debido a que él está en todos los aspectos de este sacramento, se le proclama en cada uno de ellos (vea 1 Co 11:26). De este modo, el pueblo del Señor se reúne el día del Señor para escuchar la palabra del Señor (es decir, el Evangelio), para decir la Oración del Señor [el Padrenuestro], y para reunirse alrededor de la mesa del Señor a fin de recibir la Cena del Señor. En todas estas acciones y en los mismos elementos Jesús está presente. Esta comida es, en todos sus aspectos, la Cena del Señor.

Otras designaciones de este sacramento también adoptan términos bíblicos, aunque puede que no se hayan utilizado en tiempos apostólicos precisamente de la manera que ahora los conocemos. «Santa Comunión» se usa comúnmente entre los luteranos. «Esta copa de bendición por la cual damos gracias, ¿no significa que entramos en comunión con la sangre de Cristo? Este pan que partimos, ¿no significa que entramos en comunión con el cuerpo de Cristo? (1 Co 10:16; itálicas añadidas). Aquellos que participan del pan y el vino participan del cuerpo y la sangre de Cristo, los cuales proveen la base para la comunión con los otros participantes. Al recibir el cuerpo de Cristo, la Iglesia se constituye como una fraternidad en su cuerpo. El sacramento es una Santa Comunión porque los participantes comparten las cosas sagradas del cuerpo y la sangre de Cristo y a través de ellas tienen comunión los unos con los otros y expresan una fe común. Sin esto, no existe una confraternidad real. Por consiguiente, los luteranos comulgan sólo con aquellos que son penitentes y comparten la misma fe. Trágicamente, en el sacramento en el cual Cristo une a los creyentes consigo mismo, y a través de él con otros, se hace evidente la desunión de los cristianos causada por sus diferencias. Debido a que Ulrich Zwinglio no pudo decir que el pan y el vino de la Cena eran realmente el cuerpo y la sangre de Cristo, Martín Lutero rehusó comulgar con él. Al requisito de que todos los comulgantes poseyeran una fe común se le llama tradicionalmente «comunión cerrada», según la antigua costumbre de despedir a aquellos que no eran elegibles para recibir el sacramento antes que se celebrara la Cena del Señor. La «comunión abierta», la práctica de comulgar todos los que desean participar pese a graves diferencias, es más probable que provenga del entendimiento de que este es un rito comunitario en el cual se respetan las diversas creencias. Un ritual practicado bajo estas circunstancias tiene un carácter sacramental reducido.

En el Catecismo Breve, Lutero llamó a la Cena del Señor «el sacramento del altar», un término vinculado a cómo colocan los luteranos la cruz o el crucifijo sobre sus altares para simbolizar la muerte de Cristo como un sacrificio por los pecados. «Altar» puede que se haya usado para designar el lugar desde donde se distribuía el sacramento en tiempos apostólicos.[40] Aun cuando no se celebre la Cena, se reverencia el altar como el lugar donde está Cristo en la celebración de la Cena del Señor inclinando la cabeza o arrodillándose.

«Eucaristía», un término utilizado en la Didaqué,[41] ha llegado recientemente a tener un uso más amplio entre algunos luteranos. Su adjetivo, «eucarístico» (del griego *eucharistos*, «agradecido»), es el que más comúnmente se usa para este sacramento. La teología y la práctica eucarística tratan de la enseñanza sobre la Cena del Señor. «Eucarístico» se deriva de las palabras de la institución: «Después de dar gracias» (1 Co 11:24; itálicas añadidas; cf. Mt 26:27).[42] Se encuentra en los relatos de la milagrosa alimentación de las multitudes (Mt 15:36; Jn 6:11), eventos que los evangelistas usan a fin de preparar para la institución de la Cena a quienes los escuchan.[43] La palabra también ocupa un lugar prominente en el Prefacio Debido, la parte introductoria en la liturgia de la Comunión: «Es verdaderamente recto, justo y saludable, que en todo tiempo y en todos los lugares demos gracias, Señor, Santo Padre y Todopoderoso Dios». Todo el servicio es eucarístico, la ocasión en la cual la congregación da gracias a Dios por su inestimable don del cuerpo y la sangre de Cristo.

En el Artículo 10 de la Confesión de Augsburgo y la Apología, se le llama «la Misa», un término que todavía se utiliza en las iglesias luteranas del norte de Europa, pero rara vez en los Estados Unidos. Se deriva de missa, palabra latina para «partan» o «vayan», que antiguamente eran las últimas palabras del servicio. Una vez que los creyentes hayan recibido el cuerpo y la sangre de Cristo, en la tierra no les espera ningún misterio mayor. Lutero cuestionaba si las misas privadas constituían un sacramento, y denunció la misa como una ofrenda sacerdotal de Cristo como un sacrificio por los pecados, especialmente por los de los muertos. Para él esto era una abominación.[44] También era objetable el argumento romano de que, debido a que la sangre de Cristo estaba en su carne, los laicos no tenían que recibir la copa.[45] En algunos lugares esta práctica ha sido rectificada. Pese a serias diferencias, Lutero reconoció que los católicos romanos recibían realmente el cuerpo y la sangre de Cristo.[46]

¿QUÉ SE PUEDE DECIR DE JUAN?

Martín Lutero combinó las palabras de la institución de Mateo, Marcos, Lucas y Pablo en su definición del sacramento del altar en el Catecismo Breve: «Es el verdadero cuerpo y la verdadera sangre de nuestro Señor Jesucristo bajo el pan y el vino, instituido por Cristo mismo, para que los cristianos lo comamos y bebamos». Juan, el evangelista preferido de Lutero, está ausente de manera sorprendente. La Iglesia Católica Romana utilizó Juan 6 para sostener la administración a los laicos sólo de la hostia, porque la sangre ya estaba en la carne, una posición compatible con su doctrina de la consubstanciación. En octubre de 1529, en Marburgo, en su disputa con Lutero, Zwinglio utilizó Juan 6:63 («El Espíritu da vida; las carne no vale para nada») en su favor, para ver la Cena en términos espirituales y no físicos.[47] Lutero centró la discusión en las palabras de la institución, especialmente «es» (esto es mi cuerpo; esta copa es el nuevo pacto en mi sangre).

Quizás por lealtad al Reformador, los luteranos han vacilado a la hora de utilizar Juan 6 en su interpretación de la Cena del Señor. Esta vacilación estaba apoyada por Juan 6:63, que parecía requerir que, sin recibir la Cena del Señor, una persona no podía ser salvada. Los luteranos hicieron una excepción con Juan 3:5, que hizo del bautismo una necesidad absoluta para la salvación. Pese a que soslayan el Evangelio de Juan en su teología eucarística, los luteranos han utilizado frases tales como «el pan del cielo» y el «pan de vida» en sus devociones e himnos eucarísticos. Irónicamente, puede que los luteranos se hayan privado ellos mismos de las más descriptivas pruebas del Nuevo Testamento a favor de su posición de que los participantes de la Cena comen en realidad el cuerpo de Cristo y beben su sangre y que este sacramento es vital para la vida cristiana. El reclamo de Lutero en el Catecismo Breve de que el perdón, la vida, y la salvación se dan en el sacramento, extrañamente refleja la enseñanza de Juan 6:50, 54 de que la vida eterna y la resurrección vienen del comer el cuerpo de Cristo y de beber su sangre.

Si los luteranos pudieran superar sus aversiones históricas, encontrarían un tesoro de evidencias en toda la obra juanina (no sólo en el Evangelio de Juan) para apoyar su doctrina de que los elementos terrenales de la Cena del Señor son realmente el cuerpo y la sangre de Cristo. Con respecto al uso por Zwinglio de la inutilidad de la carne como evidencia contra una interpretación física de la Cena del Señor, este pasaje se refiere más probablemente a aquellos que sin el poder del Espíritu que da vida no pueden aceptar que Cristo promete dar su cuerpo por comida y su sangre por bebida. Cuando Jesús comenzó a hablar en esos términos carnales, muchos le dieron la espalda (Jn 6:66). Algunos todavía lo hacen.

UNA RESPUESTA BAUTISTA

Russell D. Moore

No quisiera estar en el lugar de David Scaer. Los «extremos» del espectro representado en este libro, mi punto de vista bautista y el punto de vista católico romano, son relativamente simples: los elementos son un signo que apuntan a una realidad, o son realmente el cuerpo y la sangre de Jesús. Por contraste, el punto de vista luterano de la consubstanciación es mucho más complejo exegética, histórica, filosófica y semánticamente. Esto no hace falso el punto de vista; simplemente lo convierte en un desafío mayor de explicar. No obstante, Scaer hace eso con gracia y habilidad.

Al exponer su punto de vista de la Cena como algo que distingue a los luteranos, Scaer nos hace el servicio de anotar que éste se halla más cerca de la posición católica romana sobre la Comunión que de los puntos de vista reformados. Pese a la comunidad entre las corrientes luteranas, reformadas y anabaptistas de la Reforma sobre cuestiones de autoridad y soteriología, Scaer tiene razón en que los herederos de Martín Lutero eran los menos inclinados a «reformar» la teología católica romana de la Comunión. De manera servicial Scaer sitúa el punto de vista luterano dentro del contexto de la teología sacramental en la cual los propios sacramentos obran, aparte del prerrequisito de la fe de parte de los participantes.

Aquí es quizás donde los que estamos en la tradición de la Iglesia Libre encontramos a menudo el punto de vista luterano como el más desconcertante. La teología sacramental de la Iglesia Católica Romana es clara y coherente: La Iglesia como el cuerpo místico de Cristo y la heredera de los apóstoles está autorizada a dispensar gracia. Los luteranos, sin embargo, se distinguen de Roma gracias a la convicción de que la justificación viene *sola fide*, que esta se recibe por medio de la fe solamente y no a través de la mediación de ninguna autoridad ni estructura eclesiástica. Esta tensión se ve en el tratamiento que da Scaer a la Cena en el contexto bíblico de la presencia de Dios y la expiación del pecado. Scaer afirma correctamente la naturaleza sacrificial y propiciatoria de la crucifixión que ofrece Jesús en el Gólgota. Por otra parte, Scaer correctamente vincula la Cena a la Pascua y a las antiguas prefiguraciones del antiguo pacto de nuestra redención. Pero cuando relaciona el evento de la Pascua a la Cena, creo que la Escritura vincularía la comida de Pascua a la Cena. El evento del sacrificio del cordero sustituto en la Pascua se cumple en la cruz de Cristo, no en la Cena. Como instruye Pablo a los corintios, nuestra Pascua es el propio Cristo, quien ya ha sido sacrificado (1 Co 5:7). La comunión que practica la Iglesia con el pan y el vino está más bien relacionada con la fiesta de la Pascua (1 Co 5:8-11).

Como señalé en mi capítulo (pp. 33-38), la fiesta de la Pascua era un acto de proclamación, un acto de recordación y de anticipación. ¿Por qué no debía ser este el caso entonces de la Cena cuando se utiliza para el acto el mismo tipo de fraseología? La Cena apunta a nuestra unión con Cristo en su crucifixión, resurrección y exaltación ya cumplidas. Al contrario de Scaer, no es en el «sacramento» en que se unen «el juicio y la expiación» (p. 92), antes bien, es en la cruz fuera de las puertas de Jerusalén donde se unen la ira de Dios y el perdón de Dios (Ro 3:25-26). Nuestra apropiación de esta expiación no viene a través de ninguna actividad (circuncisión, bautismo, o aun la Comunión), sino a través de la confianza en el «Dios que justifica al impío» (Ro 4:5). Esta fe no se desprende de la Cena. La Cena impulsa y alienta la fe al apuntar fuera del creyente penitente hacia Cristo, mientras este continúa buscando la expiación definitiva de Jesús.

Es perfectamente comprensible que Scaer vea los puntos de vista reformados de la Cena como peligrosos para su interpretación de la Comunión, y es comprensible también ver cómo él, al igual que Lutero, no podría comulgar con aquellos de nosotros que sostenemos el punto de vista de que la Cena es un signo de proclamación y una promesa en lugar de un vehículo para la presencia real de Cristo. Sin embargo, es desalentador ver a su capítulo equiparar los puntos de vista reformados con los conceptos platónicos de la relación entre el espíritu y la materia, que considera similares. Platón y sus herederos filosóficos (tanto los herederos conscientes como inconscientes) creen que el espíritu es intrínsecamente más «real» que la materia. Este no es el desacuerdo que hay entre nosotros sobre la Cena. Creo que la «presencia real» de Cristo, su cuerpo humano y su sangre bien materiales, es necesaria para la vida y la santidad de la Iglesia. La cuestión es si esta «presencia real» está en los lugares celestiales, esperando su regreso, o si él viene a nosotros de forma física ahora en el pan y el vino. La alusión platónica de Scaer no es más exacta que la de alguien que dice que los luteranos son «platónicos» porque no creen que Cristo está físicamente presente «en y bajo» las vibraciones de las cuerdas vocales de la Palabra predicada.

El tratamiento que da Scaer a la práctica de la Cena es curioso y muy provocativo. Mientras concuerdo con él en muchos aspectos, no estoy convencido de otros. Scaer argumenta, por ejemplo, que «sustituir el pan y el vino por otros elementos es un acto de desobediencia» (p. 93). Estoy de acuerdo, pero no extiendo esto a la cuestión de si el vino debe ser fermentado o sin aditivos, como hace Scaer. Al contrario del argumento de Scaer, hay muy pocos, si es que hay alguno, que dirían que una bebida alcohólica «no es un vehiculo sacramental adecuado o que los elementos utilizados carecen de importancia» (p. 94). Tiene razón en que Jesús utilizó ciertamente vino fermentado en la Cena. La cuestión consiste en si la fermentación en sí misma es esencial para el elemento, o más bien, como parece, que el asunto es el fruto triturado de la vid, lo cual apunta a la sangre de Jesús. No me opongo a la utilización de vino «real» en la Cena, pero no estoy dispuesto a decir que el contenido de alcohol o la falta de este cambie el acto de la Comunión. Si lo cambia, entonces tengo que preguntar también si es desobediente utilizar en la Cena uvas cultivadas fuera del Medio Oriente, pues está claro que esta variedad de vino fue la que Jesús vertió en el aposento alto.

Scaer defiende hábilmente la insistencia luterana de que la «validez de la Cena del Señor descansa en el mandato de Cristo y no sobre la fe» (p. 94). No obstante, su recurso de apelar a la correspondencia a los corintios, no es convincente. Sí, el hombre inmoral de Corinto se dañaba a sí mismo y de hecho sería excluido de la Cena del Señor. ¿Se debió esto a que estaba en contacto con la presencia física de Cristo en la Cena, o porque por la mesa él participaba de la presencia de Cristo a través de su cuerpo, la comunidad del pacto? La Iglesia no es, dice Pablo, para «relacionarse con» o «ni siquiera... juntarse para comer» con un hombre como ese. ¿Por qué? Esto es porque este se llama a sí mismo «hermano», pero es «inmoral o avaro, idólatra, calumniador, borracho o estafador» (1 Co 5:11). Parece que este comer juntos tiene mucho que ver con la fe, pues un hombre que come en la mesa sin fe no es un hermano, sino un impostor. El problema de su inclusión en la comida es el pronunciamiento de la Iglesia a través de la Comunión de que él es de hecho un «hermano», un hombre de fe, cuando en realidad está en rebelión contra el camino de Cristo. Repito, parece que aquí la Cena en un acto de proclamación, mientras que la propia asamblea es la presencia de Cristo (1 Co 5:4).

Aquellos de nosotros que somos de confesión protestante evangélica le debemos más de lo que nunca podremos expresar a la convicción bíblica que se apoderó de Martín Lutero. Este capítulo debe recordarnos que Lutero y sus herederos no solo protestaron contra la Iglesia Romana, sino que buscaron y todavía buscan proveer una alternativa que esté en consonancia con los apóstoles y los profetas y con la Iglesia a través de los tiempos. Cuando se llega a la Cena, solo puedo decir, mientras doy gracias a Dios por esa conciencia de Lutero comprometida con la Palabra, que no pienso que él «reformó» la Iglesia lo suficiente en lo que se refiere a la relación entre la fe de la comunidad creyente y los sacramentos. En resumen, solo deseo que hubiera martillado un poco más en esa puerta de Wittenberg.

UNA RESPUESTA REFORMADA

I. John Hesselink

Parece casi imposible convencer a los luteranos tradicionalistas —particularmente aquellos de una vertiente del Sínodo de Missouri o Wisconsin— de que Calvino creía que Cristo estaba realmente (realiter) y verdaderamente (vere) presente en la celebración de la Cena del Señor. Concedido, no todas las personas en la tradición reformada mantienen este punto de vista. Muchos son seguidores de Zwinglio en su interpretación de la Cena, aun cuando nunca hayan oído hablar de Ulrich Zwinglio. Pero la clásica posición calvinista sostiene que Cristo está substancialmente presente en la Cena, aunque no contenido en los elementos. En ese sentido reside una diferencia significativa.

Cuando los reformados continúan diciendo que la presencia real de Cristo en la Cena es espiritual, no física, muchos luteranos asumen frecuentemente que presencia espiritual significa irreal o ilusoria. O, como lo dice el Libro de la Concordia (citado en la nota 6 del capítulo de David Scaer). «espiritualmente» significa para los reformados «nada más que el espíritu de Cristo está presente, o el poder del cuerpo ausente de Cristo, o sus méritos». Espero que mi presentación haya demostrado que esta interpretación del punto de vista reformado (es decir, calvinista) no amerita esa acusación. Por otra parte, cuando se desestima la importancia del papel del Espíritu Santo en unificar al creyente con el Cristo resucitado de una manera sacramental, ¡de hecho se denigra el poder y la persona del Espíritu Santo! En ambas tradiciones se reconoce la presencia real de Cristo en el sacramento, pero hay una comprensión diferente de la modalidad de esa presencia. Como apunta Scaer, la frase «presencia real» es ambigua y requiere clarificación (p. 87). Sin embargo, en mi capítulo he tratado de mostrar que «presencia» significa una participación substancial (otra palabra difícil) del cuerpo y la sangre de Cristo que dan vida y que hay una verdadera comunicación en la Cena del cuerpo y la sangre de Cristo.

En todo caso, Juan Calvino estaba más cerca de Lutero que de Zwinglio. Lutero reconocía esto. En 1541 Calvino escribió un Breve Tratado sobre la Cena del Señor en un esfuerzo por mediar entre Lutero y Zwinglio (y Juan Ecolampadio, el Reformador de Basilea que estaba de parte de Zwinglio).[1] Calvino le mandó una copia a su amigo Felipe Melanchton. No es seguro si Melanchton o Moritz Goltsch, un librero de Wittenberg, le dieron una versión latina a Lutero, quien anunció que «si Zwinglio y Ecolampadio hubieran hablado como Calvino, no habría habido necesidad de una larga controversia».[2]

Calvino siempre buscó explicar su posición de manera que fuera comprensible y aceptable para los luteranos moderados. B. A. Gerrish observa: «Él argumentó repetidamente creer que en la unión del signo y la realidad estaba el verdadero —y suficiente— vínculo unificador de la teología sacramental de luteranos y suizos».[3] En 1554. Calvino escribió una carta a uno de sus adversarios luteranos (John Barbach), la cual es notable tanto por su espíritu pacifista como por la manera sucinta en que reitera su posición. Gerrish resume la situación de esta manera:

> Si Lutero, ese distinguido siervo de Dios y fiel doctor de la Iglesia, estuviera vivo hoy, no sería tan áspero e inflexible para no estar dispuesto a permitir esta confesión: Eso que describen los sacramentos se nos ofrece realmente (vere *praestari*), y que por lo tanto en la sagrada Cena nos convertimos en partícipes del cuerpo y la sangre de Cristo. Porque ¿con cuánta frecuencia declaró él que no combatía por ninguna otra causa que establecer que el Señor no se burla de nosotros con signos vacíos, sino que realiza en el interior lo que pone delante de nuestros ojos, y el efecto está por consiguiente unido a los signos? Esto se reconoce, a menos que yo esté en un gran error, entre ustedes: que la Cena de Cristo no es un despliegue teatral de comida espiritual, sino que entrega la realidad que ella describe, pues en ella las almas devotas se alimentan de la carne y la sangre de Cristo.[4]

Volviendo al presente, los lectores de este libro deben estar alertas ante el hecho de que en 1997 la Iglesia Evangélica Luterana de América, la Iglesia Presbiteriana (EUA), la Iglesia Reformada de América, y la Iglesia Unida de Cristo adoptaron una «Fórmula de Acuerdo» por medio de la cual entraron en plena comunión entre sí sobre la base de una documento titulado Un Llamamiento Común: El Testimonio de Nuestras Iglesias Reformadas en Norteamérica Hoy.[5] Se reconoció que las diferencias entre estas dos comuniones todavía existían, pero en las palabras del Acuerdo de Leuenberg (III.1.18): «En la Cena del Señor el Jesucristo resucitado se imparte a sí mismo en su cuerpo y sangre, dados para todos, a través de su palabra de la promesa con pan y vino. De ese modo se da a sí mismo sin reservas a todos los que reciben el pan y el vino; la fe recibe la Cena del Señor para salvación, la falta de fe para juicio».[6] Comprendo que los luteranos conservadores puede que consideren este consenso como un compromiso no santo, pero pese a todo éste representa un logro histórico de parte de dos de las tradiciones reformadas principales.

En conclusión, déjenme señalar varias áreas donde pueda respaldar de corazón posiciones asumidas en el capítulo de Scaer. Por ejemplo, estamos de acuerdo en que los «sacramentos no son innovaciones del Nuevo Testamento, sino más bien son las vías ordinarias por las que Dios llegó a su pueblo del Antiguo Testamento» (p. 90). Nosotros también, creemos que los sacramentos son signos a los que está adherida la Palabra de Dios y que «los elementos exterioress de los sacramentos, como signos, se corresponden con lo que los sacramentos son y hacen» (p. 93). No obstante, diríamos que el papel del Espíritu Santo, en la medida en que se relaciona con la Cena del Señor, no es tanto para «crear fe» (p. 96) como para nutrirla y fortalecerla; y que aunque las palabras de la institución son indispensables, no sólo las palabras de Cristo, sino la Palabra y el Espíritu son los que instituyen el sacramento (p. 97). Igual que las iglesias ortodoxas, «otorgamos un lugar prominente al Espíritu en la *epiklēsis*, por medio de la cual se le invoca sobre los elementos para hacer de ellos el cuerpo y la sangre de Cristo» (p. 96). Scaer admite que esta no es la costumbre luterana histórica, aunque se la registra en la Apología. Aquí parece ser una cuestión de énfasis.

A la luz de todo esto y varios otros puntos de acuerdo, yo esperaría que a diferencia de algunos luteranos del siglo XVI, particularmente los ultra-luteranos que se impusieron tras la muerte de Lutero, aun los luteranos más tradicionalistas no encontrarían nuestra posición como «amenazadora» (p. 89), sino una posición que despertaría una recepción más franca y comprensiva que en el pasado.

UNA RESPUESTA CATÓLICO ROMANA

Thomas A. Baima

Yo, igual que David Scaer, hago énfasis en la presencia real versus la consubstanciación. Su contextualización de la substanciación como «nestoriana» es una observación interesante sobre la que quiero meditar más (p. 97 n. 3). Otro punto de particular importancia es cuando mostró que había algunas formulaciones de la doctrina eucarística que la Iglesia Católica Romana encontró aceptables al comienzo de la Reforma. Los ecuménicos no han prestado suficiente atención al período formativo de la doctrina de la Reforma antes que prevaleciera la polémica. Algún tipo de retorno a esas aceptables formulaciones luteranas podría ser útil como una base para el diálogo contemporáneo. Por supuesto, la sección sobre el Dios sacramental suena verdadera para los católicos y muestra cómo nuestras dos tradiciones todavía tienen mucho en común en la tradición litúrgica occidental.

Otro aspecto del capítulo de Scaer—y de los otros dos autores también—es el carácter central de San Agustín en el pensamiento protestante. Aquí Scaer nos retrotrae a la definición agustiniana de un sacramento, pero el punto principal, a menudo oscurecido por la posición central que ha ocupado Tomás de Aquino en la Iglesia Católica, es que todos los cristianos occidentales son hijos de Agustín. Este es el padre común, tanto de la comunidad católica como de la protestante. Una nueva valoración de Agustín, que fue la principal fuente de Santo Tomás (después de las propias Escrituras), podría ayudarnos a encontrar un fundamento común para nuestras discusiones teológicas en el futuro.

El énfasis luterano en la validez sacramental que descansa «sobre el mandato de Cristo y no sobre la fe» (p. 94) es también algo esclarecedor para el oído de un católico: Una de nuestras dificultades es apreciar las diferencias entre los puntos de vista protestantes. No somos justos cuando dejamos de reconocer las diferencias significativas entre las distintas tradiciones de la Reforma. Por ejemplo, me sorprendí cuando supe que, según el punto de vista luterano, el bautismo, la absolución, y la Cena del Señor forman una constelación (p. 95). Esta noción de la relación de la penitencia con la Santa Comunión es algo sobre lo que reflexiono en mi capítulo, y es un área sobre la que me gustaría escuchar más de parte de los amigos luteranos.

Un par de temas parecen recorrer todos los capítulos protestantes. Un tema de largo alcance tiene que ver con la cuestión de las relaciones espaciales y temporales. Parece que el problema primario que plantea la doctrina católica de la transubstanciación para los protestantes de todas las tradiciones es cómo el cuerpo de Jesús puede estar en múltiples lugares. Sobre esto reflexiono en mi respuesta a John Hesselink (p. 80) a través de los tres capítulos. Otro tema es que en la primera década del siglo XXI todos los cristianos enfrentan el problema de un exagerado individualismo y el fenómeno de la «ligereza doctrinal». Sentimos esto de forma aguda en la Iglesia Católica, y es reconfortante escuchar a otros teólogos cristianos identificar el mismo problema. Quizás sea cierto que la miseria ama la compañía.

Leer el capítulo de Scaer suscita algunas preguntas. Es bueno y está bien notar que hay fórmulas doctrinales que tanto los luteranos como los católicos romanos podían aceptar al comienzo de la Reforma, ¿pero qué hacemos con ellas ahora? Y ¿cómo atendemos la necesidad, entonces y ahora, de poseer formulas distintivas? Vivimos en una época en la que hay una gran presión para retrotraer nuestras iglesias a su estado «prístino», enfatizando nuestras identidades únicas. ¿Es esta la vía a seguir? ¿No debemos regresar a las fuentes de la Gran Tradición y permitir que esas fuentes critiquen nuestras actuales fórmulas y prácticas? Creo que los elementos distintivos de nuestras tradiciones separadas encierran a menudo las perspectivas más vitales que podemos ofrecer como regalo para otros cristianos. El peligro está en que demasiado énfasis en los elementos distintivos conlleva el riesgo de crear una actitud sectaria. Un verdadero regreso a las fuentes, como método teológico, protege los elementos distintivos al conectarlos con la Gran Tradición.

Otro tema es la afirmación de que «un axioma filosófico no puede ser la base de una doctrina» (p. 92). Aunque esto es claramente cierto, es igual de verdadero que una doctrina no se puede formular en un lenguaje humano sin involucrar cuestiones filosóficas. Cualquier afirmación contiene ciertas presuposiciones tácitas que afectan la fórmula. El debate sobre transubstanciación versus consubstanciación de cierta manera es el ejemplo clásico. El término teológico *transubstanciación* utiliza categorías metafísicas aristotélicas para explicar teológicamente la doctrina de la presencia real. Es igual el término teológico *consubstanciación*. La diferencia es que consubstanciación involucra categorías nominalistas tomadas de la crítica de Guillermo de Ockham a la metafísica, que implican un cambio de una posición metafísica de realismo moderado a la concepción conceptualista de que los universales existen solo en la mente. Como resultado, cuando Lutero, que era un partidario de las enseñanzas de Guillermo, abordó la cuestión de la presencia real, el sistema filosófico que utilizó fue una forma de discurso tácitamente «orientado hacia la comprensión humana antes que hacia el objeto en sí mismo».[1] El problema que tiene el teólogo no es el de utilizar la filosofía para enmarcar formulaciones doctrinales, sino utilizar una filosofía pobre para hacerlo. Cualquier sistema filosófico utilizado para expresar una religión revelada como el cristianismo necesita tener las capacidades necesarias para manejar el tema. Una vía para examinar la historia del dogma es evaluar el sistema filosófico que han empleado los teólogos sistemáticos para explorar y explicar la fe. Muchos de los fallos de la teología dogmática en el período moderno son el resultado de que los teólogos emplean sistemas que no están a la altura de la tarea.[2]

Notas: Capítulo 3: El punto de vista luterano (David P. Scaer)

1. Para una historia de la ambigüedad de la frase, vea Albert B. Collver: «"Real Presence": A Confession of the Lord's Supper — The Origin and Development of the Term in the Sixteenth Century» (Disertación de grado, Seminario de Concordia, San Luis, MO, 2001). Calvino no negó la presencia real, sino sólo la interpretación católica romana de la frase (p. 335 en la disertación de Collver).

2. Vea la primera estrofa del himno eucarístico de Martín Lutero: «Oh Señor, te alabamos»: «Que tu Cuerpo, Señor, nacido de María, el cual ciertamente cargó sobre sí nuestros pecados y penas, y Tu sangre derramada por nosotros aboguen en toda prueba, temor y necesidad: ¡Oh Señor, ten misericordia!» (*The Lutheran Hymnal* [San Luis, MO: Concordia, 1941], no. 313).

3. Para un análisis de por qué los luteranos no utilizan el término consubstanciación para describir su posición, vea Norman E. Nagel: «Consubstantiation», en *Hermann Sasse: A Man for Our Times?*, ed. John Stephenson et al. (San Luis, MO: Concordia, 1998), pp. 240-259. El término fue utilizado por los cripto-calvinistas, aquellos

112 | Cuatro puntos de vista sobre la Santa Cena

luteranos que después de la muerte de Lutero quisieron introducir una interpretación reformada de la Cena del Señor (pp. 250-51). La consubstanciación se puede describir en términos cristológicos como «nestoriana», al referirse a dos substancias inconexas que descansan una junto a la otra (p. 243).

4. Vea la Declaración Firme de la Fórmula de la Concordia, VII.38; el Epítome de la Fórmula de la Concordia, VII.3. Todas las referencias a las Confesiones Luteranas se encuentran en *The Book of Concord* [Libro de la Concordia], ed. Robert Kolb y Timothy J. Wengert (Minneapolis: Fortress, 2000), p. 599.

5. Catecismo Mayor, V.14, en *Book of Concord*, p. 468.

6. Porque «espiritualmente» significa para ellos [los reformados] nada más que "es espíritu de Cristo que está presente, o «el poder del cuerpo ausente de Cristo, o sus méritos"» (Epitome de la Concordia, VII. 5, en *Book of Concord*, pp. 504-505).

7. Vea Epítome de la Fórmula de la Concordia, VII.22, en *Book of Concord*, 505, 22.

8. El rechazo de la posición reformada se incluyó tanto en el texto en latín como en el texto en alemán de la Confesión de Augsburgo (X.2).

9. Vea la Apología de la Confesión de Augsburgo, XIII.2: «Pero no pensamos que esto represente una gran diferencia, si para los propósitos de la enseñanza, diferentes personas tienen enumeraciones diferentes, en tanto preserven apropiadamente las cuestiones transmitidas en la Escritura. Después de todo, aun los antiguos no siempre los enumeraban de la misma manera».

10. Vea Catecismo Mayor, V.4, 23, 34, en *Book of Concord*, pp. 468, 470.

11. La Apología de la Confesión de Augsburgo, XIII.6, 14 ve la confirmación, la extremaunción, y el matrimonio como ritos de la Iglesia y permite que se les llame sacramentos en un sentido menor.

12. El Artículo XIII de la Confesión de Augsburgo no relaciona los sacramentos.

13. La Apología de la Confesión de Augsburgo, XIII,3, define los sacramentos como ritos ordenados por Dios a los cuales se ha añadido la promesa de la gracia. Parece que Melanchton entiende que algunos ritos instituidos por la iglesia tienen la aprobación divina. Esto permitió una definición más amplia al autorizar cuáles ritos podían ser llamados sacramentos. (La Apología se escribió como una respuesta directa a la Impugnación en que los católicos romanos presentaron sus coincidencias y sus divergencias con la Confesión de Augsburgo.)

14. Catecismo Mayor, IV.1, en *Book of Concord*, p. 456.

15. Vea *Book of Concord*, pp. 360-361. Esto se titula: «Cómo se debe enseñar a la gente sencilla a confesar». Una «Breve Exhortación a la Confesión» se incluye al final del Catecismo Mayor (no incluido en el Libro de la Concordia).

16. Karl Barth no reservó lugar en su monumental *Dogmática de la Iglesia* para la Cena del Señor, simplemente porque cualesquiera que fueran los beneficios que se le adjudicaran se encontraban ya presentes en el bautismo. Al concentrarse en el perdón de los pecados como factor constitutivo de la Cena del Señor, puede que los luteranos se acerquen a esa posición.

17. Para una discusión más amplia, vea Jonathan Trigg, *Baptism in the Theology of Martin Luther* (Leiden: Brill, 1994), pp. 21-22.

18. Pablo habla de Cristo como la Pascua o el Cordero Pascual en el contexto de la práctica eucarística (1 Co 5:7).

19. La relación entre el maná y la Cena del Señor se hace en Juan 6:48-51, pero una interpretación eucarística de este pasaje no está libre de controversia, como se discute abajo.

20. Vea p.ej., Mateo 15:36 (itálicas añadidas): «Tomando los siete panes y los pescados, dio gracias, los partió y se los fue dando a los discípulos. Estos, a su vez, los distribuyeron a la gente» (cf. Mt 26:26-28).

21. Los luteranos prefieren traducir la palabra griega *diathēkē* como «testamento» antes que «pacto» para transmitir la idea de que Cristo instituyó este rito antes de su muerte según su voluntad. «Testamento» y «pacto» pueden tener mensajes superpuestos, aunque en español se traduce normalmente como «pacto».

22. Vea el Catecismo Breve, V.5-6, en Book of Concord, p. 362. Aquí Lutero dice que con el perdón de los pecados viene la vida y la salvación.

23. Lutero ve Mateo 11:28 («Vengan a mí todos ustedes que están cansados y agobiados») como una invitación a la Cena del Señor (vea el Catecismo Mayor, V.66, en *Book of Concord*, p. 473).

24. Note Juan 6:53: «Ciertamente les aseguro —afirmó Jesús— que si no comen la carne del Hijo del hombre ni beben su sangre, no tienen realmente vida».

25. Vea el Catecismo Mayor, IV.18, en Book of Concord, p. 438: «Así pues este también deriva su esencia como un *sacramento*, tal cual San Agustín también enseñó: Accedat verbum ad elementun et fit sacramentum. Esto es, cuando la Palabra se añade al elemento o la sustancia natural, este se convierte en sacramento, o sea, una materia y un signo santos y divinos» (vea también el Catecismo Mayor, v.18, en Book of Concord, p. 458, en relación con la Cena del Señor; los Artículos de Esmalcalda, V.1, en *Book of Concord*, p. 320, en relación con el bautismo).

26. Vea el Catecismo Mayor, V.8, 12, en *Book of Concord*, pp. 457-458.

27. Pablo señala un pecador no arrepentido en la congregación como levadura vieja en el contexto de la Cena del Señor. Su argumento no sería comprendido a menos que la congregación utilizara pan sin levadura en la Cena del Señor. Una referencia a Cristo como el «Cordero pascual» apoya este punto de vista (1 Co 5:7).

28. El Artículo VII.3 del Epítome de la Fórmula de la Concordia rechaza explícitamente la enseñanza de que la fe «instituye y crea la presencia del cuerpo y la sangre de Cristo en la Santa Cena» (*Book of Concord*, 580).

29. Vea el Catecismo Mayor, V.6: ¿Piensas que Dios pregunta por lo que hacemos o creemos, de modo que, como consecuencia, debe variar lo que ha instituido? Aun en todas las cosas temporales todo permanece tal como Dios lo ha creado e instituido, sea cual fuere la manera en que lo usemos y lo tratemos» (*Book of Concord*, p. 467).

30. Vea el Catecismo Mayor, V.69, en Book of Concord, p. 474; el Epítome de la Formula de la Concordia (VII.37) también rechaza como un error la enseñanza de que los incrédulos no reciben el cuerpo y la sangre de Cristo (*Book of Concord*, p. 508).

31. Vea el Epítome de la Fórmula de la Concordia, VII.15.6, en Book of Concord, p. 506: El cuerpo y la sangre de Cristo se reciben «no de una forma capernaítica [*antropófaga*] sino más bien de un modo sobrenatural y celestial debido a la unión sacramental de los elementos».

32. Vea el Epítome de la Fórmula de la Concordia, VII.26, en *Book of Concord*, p. 507.

33. La Declaración Firme de la Fórmula de la Concordia, VII.114, en *Book of Concord*, p. 613.

34. Aunque la mayoría de los teólogos Reformados por lo general entendieron que sentarse a la diestra de Dios respaldaba el punto de vista de que el cuerpo de Cristo estaba confinado a un lugar, Zwinglio estuvo de acuerdo con Lutero que esto era una figura del lenguaje «por medio de la cual se entiende que Cristo Jesús tiene igual poder que el Padre» (Gottfried W. Locher, *Zwingli's Thought* [Leiden: Brill, 1981], p. 177). Las diferencias reformadas con Lutero vinieron de una concepción del mundo influida por el pensamiento del humanismo renacentista.

35. Vea el Epítome a la Fórmula de la Concordia, VIII.17, en *Book of Concord*, p. 511.

36. Del Himnario Evangélico Luterano (San Luis, MO: Concordia, 1918).

37. En la primera edición de la Apología de la Confesión de Augsburgo (llamada el Quarto), Melanchton ser refiere específicamente a esto. «Ello se ve en su canon [Ortodoxo Griego] de la Misa, en el cual el sacerdote ora que el pan se transforme y se convierta en el verdadero cuerpo de Cristo», al referirse a la *epiklēsis* en las liturgias orientales tempranas (vea *Book of Concord*, 184 n. 269).

38. Vea el Epítome de la Fórmula de la Concordia, VII.8, en *Book of Concord*, p. 505.

39. Hebreos 12:22-24 coloca la Cena del Señor en una dimensión celestial: «Por el contrario, ustedes se han acercado al monte Sión, a la Jerusalén celestial, la ciudad del Dios viviente. Se han acercado a millares y millares de ángeles, a una asamblea gloriosa, a la iglesia de los primogénitos inscritos en el cielo. Se han acercado a Dios, el juez de todos; a los espíritus de los justos que han llegado a la perfección; a Jesús, el mediador de un nuevo pacto; y a la sangre rociada, que habla con más fuerza que la de Abel». En uno de los ofertorios del Culto Luterano se recoge este tema: «Tomaré la copa de salvación y invocaré en el nombre del Señor. Pagaré mis votos al Señor ahora en la presencia de todo su pueblo, en los patios de la casa del Señor, en medio de ti, oh Jerusalén».

40. Aunque la frase «el sacramento del altar» no se deriva precisamente del Nuevo Testamento precisamente en esa forma, al artefacto desde el cual se sirvió la Cena del Señor se le llamó un «altar»: Nosotros tenemos un altar del cual no tienen derecho a comer los que oficial en el tabernáculo» (Heb 13:10). En el contexto, aquellos que ministran en el tabernáculo son los sacerdotes que ofrecen sacrificios en el templo de Jerusalén, al que se le llama tabernáculo o tienda, porque pronto dejará de existir. El altar del cual a estos sacerdotes no se les permite comer es aquel desde el que se ofrece el cuerpo y la sangre de Cristo a sus seguidores.

41. Un catecismo de fines del siglo I o comienzos del siglo II.

42. El término Eucaristía no está libre de dificultades, pues pone el énfasis en lo que hace la congregación al recordar a Dios y darle gracias y no en lo que Dios da. Este era el término favorito de Zwinglio.

43. En mi *Discourses in Matthew: Jesus Teaches the Church* (San Luis, MO: Concordia, 2004), he presentado cierto número de alusiones a la Cena del Señor en este Evangelio (pp. 157-199).

44. Vea Artículos de Esmalcalda, II,1, en *Book of Concord*, p. 301.

45. El artículo 21 de la Confesión de Augsburgo trata de manera expresa este tema al señalar que, de acuerdo con la antigua costumbre de la Iglesia, el cáliz se distribuía entre los laicos. Junto con la transubstanciación, la práctica de apartar la copa de los laicos fue condenada por los luteranos (vea el Epítome de la Fórmula de la Concordia, VII.21-24, en *Book of Concord*, p. 507).

46. Este era un tema debatible para los católicos romanos, pues para ellos los luteranos no poseen un ministerio válido y así lo que celebraban no era de manera alguna un sacramento.

47. Para una perspectiva luterana sobre este debate, vea Herman Sasse: *This Is My Body* (Minneapolis: Augsburg, 1959), esp. pp. 232-234.

Notas: Capítulo 3: Una respuesta reformada (I. John Hesselink)

1. El Short Treatise [Tratado Breve] se encuentra en *Calvin: Theological Treatises*, ed. J. K. S. Reid (Filadelfia: Westminster, 1954).

2. En relación con ese incidente, vea B. A. Gerrish: *The Old Protestantism and the New: Essays on the Reformation Heritage* (Chicago: University of Chicago Press, 1982), pp. 286-287 n. 53.

3. B. A. Gerrish: *Grace and Gratitude: The Eucharistic Theology of John Calvin* [Minneapolis: Fortress, 1993), p. 140.

4. Ibíd.

5. *A Common Calling* (Minneapolis: Augsburg, 1993). El diálogo reformado-luterano tuvo lugar en 1962-1966. Los resultados se publicaron en *Marburg Revisited* (Minneapolis: Augsburg, 1966). Una declaración de concordia —el Acuerdo de Leuenberg— entre las Iglesias Luterana y Reformada de Europa, se publicó en 1973.

6. Citado en *A Formula of Agreement*, p. 9.

Notas: Capítulo 3: Una respuesta católica romana (Thomas A. Baima)

1. Heinz Robert Schlett: «Nominalism», en *Encyclopedia of Theology*, ed. Karl Rahner (Nueva York: Seabury, 1975), p. 1086.

2. Para un tratamiento completo de este tema desde el punto de vista de un filósofo, vea Mortimer J. Adler: *The Four Dimensions of Philosophy: Metaphysical, Moral, Objective, and Categorical* (New York: Mcmillan, 1993).

Capítulo cuatro

EL PUNTO DE VISTA CATÓLICO ROMANO

La presencia verdadera, real y substancial de Cristo

EL PUNTO DE VISTA CATÓLICO ROMANO

La presencia verdadera, real y substancial de Cristo

Thomas A. Baima

Cuando se me pidió que escribiera este capítulo, había acabado de utilizar un libro sobre liturgia comparada de la serie Counterpoints Church Life, de Zondervan, en una clase del Seminario Mundelein.[1] Aprecié el valor de sostener ese útil diálogo entre varias posiciones, el cual podía compartir con mis estudiantes. Y era emocionante que se me pidiera participar en este libro de contrapuntos.

Mi tarea en este capítulo es presentar la doctrina de la Cena del Señor tal cual la confiesa la Iglesia Católica.[2] Aunque la doctrina ortodoxa sobre la Santa Comunión no se presenta en este volumen, en cierto número de puntos está tan cerca de la posición católica romana que asumiré su inclusión. Hago esto principalmente para recordar a los lectores que el tipo de diálogo que sostenemos en este libro tiene que ser cuidadoso, a fin de incluir a todos los cristianos. El mundo cristiano es católico, ortodoxo, protestante de las principales denominaciones, evangélico, y pentecostal. No se pueden incluir siempre todas estas voces en cada diálogo, pero debemos reconocer honestamente que las otras voces están ahí.

El editor general de este libro nos entregó una lista de preguntas a considerar. He organizado mi capítulo alrededor de estas preguntas, que aparecen como encabezados de sección. Espero que esto clarifique mis observaciones para lectores que pueden no estar familiarizados con la tradición teológica que represento. Las propias preguntas indican los distintos marcos de referencia que cada uno no nosotros utiliza para hablar sobre estas materias. Comprender nuestros diferentes marcos de referencia es tan importante como las especificidades de nuestras respuestas.

Para un lector que quiera explorar la enseñanza católica más allá, recomendaría el Catecismo de la Iglesia Católica (CIC de aquí en adelante). El CIC no es un catecismo en el sentido del Catecismo Breve de Lutero; antes bien, el CIC es un compendio, un libro de referencia de la doctrina católica para obispos y sacerdotes en su ministerio docente. Con una extensión de ochocientas páginas, es una presentación completa e integral de la doctrina católica, junto con referencias a las fuentes de la doctrina en la Escritura, la tradición y el Magisterio de la Iglesia. Además, hay cierto número de sitios en la Web confiables que los lectores pueden consultar para un estudio ulterior.[3]

¿CUÁL ES EL SIGNIFICADO Y LA IMPORTANCIA DE LA COMUNIÓN?

Esta primera pregunta me permite postular de inicio algunas de las dificultades que enfrentamos en este diálogo. Cuando se pregunta: «¿Cuál es el significado y la importancia de la Comunión?» debo decir honestamente: «No me preocupa lo de la importancia y el significado porque nos aparta de la ruta. La pregunta correcta debía ser: «¿Qué es la comunión [o sea, el compañerismo íntimo]?». Déjenme explicar por qué esta distinción es importante.

Lo del significado y la importancia son cuestiones existenciales que enmarcan la pregunta en términos de la experiencia individual de la cosa considerada. Si comenzamos ahí, nunca llegaremos a entender el punto de vista católico sobre la Comunión.

UNA MEJOR PREGUNTA: ¿QUÉ ES LA COMUNIÓN?

Una mejor pregunta para utilizarla como punto de partida es: «¿Qué es la comunión?» Sobre esta materia, los cristianos Católicos tienen mucho que decir. Tenemos que utilizar las verdades centrales de la fe como las claves interpretativas para las verdades particulares. La verdad central del cristianismo es que Dios es una Trinidad. Todas las otras doctrinas se remiten a esta verdad central.

La Comunión con el Dios Trino

Si fuera usted a asistir a la misa este domingo en una parroquia católica local, las primeras palabras del sacerdote deben ser: «En el nombre del Padre, y del Hijo y del Espíritu Santo». Y si fuera a asistir a la Liturgia Divina de San Juan Crisóstomo (el ritual utilizado por las iglesias ortodoxas y las iglesias católicas orientales), el sacerdote se volvería al pueblo justo antes de la anáfora eucarística, haría el signo de la cruz sobre este, y proclamaría: «La gracia de nuestro Señor Jesucristo, el amor de Dios Padre, y la comunión del Espíritu Santo sea con todos ustedes». Una teología trinitaria apropiada es la condición esencial para entender la comunión. «El Ser es comunión», de acuerdo con el obispo Juan de Pérgamo (Juan Zizioulas).[4] Y como cristianos, sabemos que el fundamento de todo ser —Dios— es una Trinidad de personas: El Padre, el Hijo, y el Espíritu Santo.

Para hablar de la comunión, es necesario hablar de Dios, quien es comunión en sí mismo. Esta verdad se pierde a menudo entre los cristianos occidentales, tanto católicos como protestantes, que funcionan como cristomonistas prácticos.[5] Nuestro énfasis occidental en la cristología a veces es a expensas de nuestra teología; propiamente, de nuestro trinitarianismo. El Ser es la comunión del Padre y el Hijo y el Espíritu Santo. Todos los credos antiguos reconocen esto en su estructura y contenido. Todos los cristianos tradicionales saben que la verdadera religión se mantiene o fracasa según la doctrina trinitaria. Pero esta doctrina no se ha abierto paso adecuadamente en la piedad occidental. Por esa razón, tiene suma importancia enfatizar que cualquier otra forma de comunión en la vida cristiana es un reflejo, primero que todo, de la más básica comunión de Dios como Dios.

Esta enseñanza puede parecer obvia, pero hay mucho en juego aquí. En su raíz, el cristianismo proclama que la realidad suprema —el ser— es la comunión de personas. La unidad es lo que tiene que ver con la existencia. El existencialismo cristiano no tiene que ver con encontrar el significado, sino la unidad: con el Padre y el Hijo y el Espíritu Santo.

La comunión de lo divino y lo humano en el Dios-Hombre Jesucristo

La segunda doctrina clave para nuestra comprensión de la Santa Comunión es la Encarnación. La Encarnación es nada menos que la comunión de lo divino y lo humano en el Dios-Hombre, Jesucristo. Es la unidad en una sola persona de dos maneras del ser. Dios y la Humanidad no están separados, porque Jesús los une personalmente. Conozca a Jesús, y ha conocido a Dios. Conozca a Jesús, y ha conocido a un auténtico miembro de la raza humana. En Jesús nos hacemos partícipes de la naturaleza divina.[6] Esta verdad de la fe tiene profundas consecuencias para nuestra comprensión de la dignidad de la persona humana.

La comunión de la Iglesia, creada y sostenida por los sacramentos

Esta noción de la comunión que fluye de la propia Trinidad y pasa a través de la Palabra encarnada de Dios, Jesucristo, prepara las condiciones para una más amplia unidad de Dios con todas las naciones. Si la comunión de personas es como es con Dios y como es con Cristo, por extensión la comunión de personas tiene que ser como es con la Iglesia. Ahora bien, la Iglesia no es Dios. Ella es una criatura, algo hecho por Dios. No obstante, la Iglesia participa de la misma comunión de la Trinidad y Cristo porque algo análogo a la Encarnación sucede en ella. Cristo, la cabeza de la Iglesia, está unido a los miembros humanos que constituyen la misma, a los que la Escritura llama «el cuerpo de Cristo».[7] Dios y la Humanidad están unidos por medio de las acciones del Espíritu Santo, las cuales llamamos sacramentos.[8]

Los sacramentos no son algo que haga la Iglesia; antes bien, los sacramentos hacen la Iglesia. Cuando digo «hacen», quiero decir que los sacramentos crean y sostienen la Iglesia. La Iglesia se estructura por medio de los sacramentos.[9] El Bautismo crea la Iglesia al edificarla con nuevos miembros. La Confirmación fortalece estos miembros para que sean testigos de Cristo. La Penitencia y la Unción de los enfermos curan las heridas del pecado y el sufrimiento que afectan a los miembros, contribuyendo a su edificación como piedras vivas del edificio. El Matrimonio santifica el amor humano y se describe por San Pablo como una imagen de la Iglesia (Ef 5:22-33). La dirección de Cristo se continúa a través de la Ordenación sacerdotal, que hace posible los demás sacramentos. Y en la Eucaristía, Cristo y los miembros ofrecen alabanza, sacrificio, y adoración al Padre en el Espíritu Santo.[10]

La Santa Eucaristía como fuente y cima de la vida cristiana

La Eucaristía ha sido llamada por el Papa Pablo VI «la fuente y cima de la vida cristiana».[11] La vida cristiana, nos recuerdan nuestros hermanos ortodoxos, es doxológica. «Ortodoxia» significa « alabanza adecuada». Es una vida ordenada por el carácter de Dios, Padre, Hijo, y Espíritu Santo, y por la acción de Dios en la historia humana: creación, revelación, redención, y consumación.

Esta vida doxológica se nos revela en la historia del pueblo de Israel y en la persona y el evento de Jesucristo. No es un descubrimiento de la observación humana sino un don, lo cual también la hace algo «dado», un elemento constituyente del cristianismo. De la doxología, la cual es Eucaristía, recibimos vida. Hacia la doxología, la cual es la Eucaristía, peregrinamos, porque la unidad con Cristo es la meta de esta vida. En la doxología, la cual es la Eucaristía, encontramos el anticipo y la promesa de la vida eterna que debe venir en el reino.

La Santa Comunión

La Santa Comunión es el momento en que todo esto se junta. Cuando recibo el cuerpo y la sangre de Cristo en el sacramento, lo que recibo se convierte en parte mía. Y yo me convierto en parte de él. La unidad de los elementos sagrados de la Comunión en mi cuerpo me une a su cuerpo. Y la unidad con el cuerpo de Cristo me hace un hijo adoptivo de Dios.

El sacramento como el discernimiento central y unificador de la tradición católica

Esto no trae al rasgo central y unificador del cristianismo católico (así como del cristianismo ortodoxo), a diferencia de otras formas (protestantes de las principales denominaciones, evangélicos, o pentecostales). Los católicos lo llaman la «economía sacramental». Economía, como se usa aquí, se refiere a la obra de Dios. Específicamente, la economía sacramental es la obra de la Santa Trinidad en la historia humana durante la era de la Iglesia.

En las descripciones del Reino de Dios en el libro de Apocalipsis, encontramos la imagen de un liturgia, un servicio de adoración.[12] Santos y ángeles ofrecen adoración al Padre a través del sumo sacerdocio de Jesús su Hijo en la comunión del Espíritu Santo. Al leer hacia atrás, hablando temporalmente, encontramos que lo que prefigura el Reino de Dios es la Iglesia, reunida para la santa liturgia. Esa santa liturgia, que celebra la Iglesia entre el momento de la ascensión de Cristo y su segundo advenimiento, recuerda y actualiza los eventos salvadores de su ministerio terrenal, especialmente su pasión, muerte, y resurrección. Esa *anamnēsis* («recordatorio») da gloria [gr. doxa) a Cristo. La vida del Reino es una doxología. La vida cristiana en la era de la Iglesia tiene también que ser doxológica.

Al leer todavía más hacia atrás, a través del lente del misterio pascual, vemos que la historia pre-cristiana está también marcada por esta dimensión doxológica. En su conjunto el primer pacto era un llamado a la correcta adoración de Dios.[13] Si leemos la historia del pueblo judío a través de este lente, vemos un patrón muy claro del obrar de Dios en y a través de su historia como pueblo, vemos una economía sacramental en la que Dios los bendice. El CIC lo dice de esta manera:

> Las bendiciones divinas se hicieron manifiestas en asombrosos y salvíficos eventos: el nacimiento de Isaac, la huída de Egipto (la Pascua y el Éxodo), la presencia de Dios en el templo, el exilio purificador, y el regreso de un pequeño remanente. La Ley, los Profetas, y los Salmos, entretejidos en la liturgia del pueblo escogido, recordaban estas bendiciones divinas y al mismo tiempo respondían a ellas con bendiciones de alabanza acción de gracia.[14]

Cuando Dios habilita esta *anamnēsis*, esta no es un mero recordatorio, sino una actualización de eventos sagrados, de manera que estos están realmente presentes.[15] San Juan de Damasco escribió sobre esto:

> Preguntas cómo el pan se convierte en el cuerpo de Cristo, y el vino… en la sangre de Cristo. Debo decirte: el Espíritu Santo desciende sobre ellos y efectúa lo que va más allá de toda palabra y pensamiento… Que sea suficiente para ti entender que esto es por medio del Espíritu Santo, justo como fue para la Santa Virgen y por el Espíritu Santo que el Señor, en y a través de él mismo, se encarnó.[16]

Sacramento y sacrificio

Dentro de las breves dimensiones de este capítulo es imposible explorar la doctrina del sacrificio, compañera inseparable de cualquier interpretación católica de la Eucaristía. [17] Así que permítanme sólo dejar sentado el escenario diciendo que en el ethos sacramental del cristianismo católico, cuando se consagran por separado el pan y el vino, se denota la muerte de Cristo (la separación del cuerpo de su sangre) y se hace presente a través de la *anamnēsis* litúrgica. La doctrina de la presencia real, sin embargo, eleva este acto de una mera *anamnēsis* litúrgica a una *anamnēsis* real, en la que están presentes la misma ofrenda, el mismo sacerdote, y el mismo sacrificio. Mientras escribo esto, les pido a los autores que me acompañan en este volumen no aferrarse a este párrafo y llenar sus respuestas con citas del libro de Hebreos. Eso sería una gran plática, una a la que yo daría la bienvenida, pero no es la plática que ahora nos ocupa. El sacrificio y el sacerdocio de Jesús sería un gran tópico para otro libro.

Menciono el tema del sacrificio solo porque está unido a la noción católica del sacramento. De manera que, para entender adecuadamente nuestra creencia, usted tiene que postular este punto: el patrón bíblico, o modelo de sacrificio, envuelve tres cosas: ofrenda, mediación sacerdotal, y comida.[18] La aplicación de esta noción del Antiguo Testamento al nuevo pacto a través del modelo sacramental conlleva la utilización de las imágenes bíblicas que revelaron la acción de Dios en la historia de la salvación, para encuadrar, interpretar, y arrojar luz sobre el acto final y definitivo de Dios en Jesucristo. El gran teólogo católico Ludwig Ott escribió lo siguiente:

> Aunque el sacramento y el sacrificio de la Eucaristía se realizan por medio de la misma consagración, aun así son conceptualmente distintos. La Eucaristía es un sacramento en cuanto a que en éste se participa de Cristo como un alimento para el alma; es un sacrificio en cuanto a que en éste se ofrece Cristo a Dios como un don sacrificial... [Santo Tomás de Aquino escribe que] este tiene la naturaleza de un sacrificio en cuanto se ofrece, y tiene la naturaleza de un sacrificio en cuanto se recibe, y por lo tanto, tiene el efecto de un sacramento en quien lo recibe y el efecto de un sacrificio en quien lo ofrece o en aquellos por quienes se ofrece [Summa Theologica III.79.5]. El sacramento

está dirigido directamente a la santificación de los hombres [y las mujeres], el sacrificio a la glorificación de Dios. Como sacramento, la Eucaristía es una realidad permanente; como sacrificio, es una acción pasajera.[19]

Concluyo mi consideración de la economía del sacramento con otra cita del Catecismo:

> Las palabras y las acciones de Jesús durante su vida oculta y su ministerio público eran ya salvíficas. Anticipaban la fuerza de su ministerio pascual. Anunciaban y preparaban aquello que él daría a la Iglesia cuando todo tuviese su cumplimiento. Los misterios de la vida de Cristo son los fundamentos de lo que en adelante, por los ministros de su Iglesia, Cristo dispensa en los sacramentos, porque «lo que era visible en nuestro Salvador ha pasado a sus misterios».
>
> Los sacramentos como «fuerzas que brotan» del cuerpo de Cristo siempre vivo y como acciones del Espíritu Santo que actúa en su Cuerpo que es su Iglesia, son «las obras maestras de Dios» en la nueva y eterna alianza.[20]

El Dogma de la Presencia Real

Teniendo en mente la visión sacramental del cristianismo católico, ahora podemos acercarnos a la médula del asunto. ¿Qué enseña la Iglesia Católica como el Dogma de la Presencia Real?

El Concilio de Trento resumió la enseñanza en su primer canon sobre el sacramento de la Eucaristía:

> Si alguien niega que en el sacramento de la Santísima Eucaristía estén contenidos verdadera, real y substancialmente el cuerpo y la sangre, junto con el alma y la divinidad de nuestro Señor Jesucristo y por lo tanto la totalidad de Cristo está verdadera, real y substancialmente contenida, sino que dice que él está en ella solo como en un signo o figura o por su poder, que éste sea anatema.[23]

Como puede usted ver por el lenguaje, una definición dogmática excluye una enseñanza inaceptable. Para interpretar apropiadamente cualquier texto dogmático, el teólogo tiene que conocer qué error se propuso corregir el dogma. Una manera de pensar en el dogma es como una anticuada receta en medicina. Hace cien años, los doctores escribían prescripciones que los farmacéuticos tendrían que componer. Al hacerlo, el doctor era capaz de personalizar un preparado medicinal para la enfermedad de un paciente particular. El arte de la medicina descansa en la formulación de la droga para tratar una dolencia específica. Cuando fórmulas particulares se demostraban exitosas en el tratamiento de enfermedades específicas, se las relacionaba en formularios por los farmaceutas de manera que otros médicos pudieran utilizarlas.

Las fórmulas dogmáticas son las prescripciones de médicos espirituales. Cuando una enfermedad (herejía) aflige el cuerpo de Cristo, los pastores de la Iglesia, como médicos espirituales, formulan una doctrina. De la misma manera, cuando una fórmula doctrinal se muestra efectiva en el tratamiento de una dolencia espiritual, se registra (canoniza) en un decreto. Ese fue el caso con la doctrina de la presencia real de Cristo en la Eucaristía.

La doctrina tuvo un desarrollo durante siglos. Cada vez que se negaba de alguna forma la presencia real de Cristo, la Iglesia replicaba con una fórmula para corregir el error. Eventualmente, un término teológico—transubstanciación—resultó favorecido en la formulación de la doctrina.

En el momento del Concilio de Trento, hubo que tratar tres errores. Un error fue decir que el Señor Jesús estaba presente sólo como un signo o figura. Los Padres habrían entendido que esto sería la enseñanza de Ulrico Zwinglio. Otro error era decir que el Señor estaba presente sólo por medio de su poder. Los Padres sobreentendieron que esto era la enseñanza de Juan Calvino. Hay un tercer error —el de Martín Lutero— o sea, que la presencia estaba limitada a la celebración y no continuaba después. No mencionado en la lista pero tratado en el dogma estaba el error de Martín Bucero, a saber, que el Señor está presente por medio de la fe de quien recibe el sacramento.

Los Padres del Concilio de Trento formularon una doctrina de manera que tratara estos errores. Los componentes de la percepción fueron «verdadero, real, y substancial». Pero en esto me adelanto a mí mismo.

La Regula Fidei, la Regla de la Fe, es que Cristo está realmente presente en el sacramento de la Eucaristía. En la doctrina católica, un sacramento es un signo que da lugar a lo que significa. El Bautismo es un signo de limpieza del pecado, de muerte, y de renacimiento. Cuando las personas se bautizan, por gracia y en fe se lavan sus pecados y ellas se unen a la muerte y el renacimiento de Cristo para vida eterna. En la Eucaristía, la comida ordinaria es el signo de la alimentación, y los elementos separados son signos del sacrificio de Cristo.[22] De manera que la fe nos dice que Cristo está presente en el sacramento. Como este es parte de la Regla de la Fe, creemos en él.[23]

Propongo que el problema doctrinal que el Concilio de Trento trató de abordar con su formulación de «verdadero, real y substancial» no estaba lejos de decir que «todas las cosas son posibles con Dios».[2] En el marco filosófico y teológico del tiempo, los Padres trataron de explicar cómo lo imposible —los accidentes que permanecen tras la conversión de la substancia— aún así era razonable.[25] Respondían a una acusación que se remontaba a la propia Biblia: «¿Cómo puede éste darnos a comer su carne?».[26]

Que Cristo puede hacer lo que dice no es una cuestión sujeta a duda, al menos si usted es un cristiano tradicional. Si, por otro lado, usted no sostiene la fe Nicena, si piensa que Jesús murió y se perdió su cuerpo y la llamada resurrección es sólo un hondo recuerdo en el corazón de los discípulos, entonces ninguna teología tendrá sentido para usted. La teología comienza con la fe y depende de ella para un contexto adecuado. Si usted carece de esta fe, entonces su respuesta a la pregunta de «¿Cómo puede éste darnos a comer su carne?» es simple y directa: no puede. Pero si Jesús es quien dice que es, si es el Señor, el Hijo de Dios, el Salvador, entonces tenemos que asumir, como cristianos tradicionales, que sus palabras significan lo que dicen. Si Jesús, que murió en la cruz, se ha levantado, entonces los milagros aún suceden.

¿Estremece esto su fe? ¿Qué pasaría si usted viera al Hijo del Hombre levantarse de la muerte?[27] Este es el argumento bíblico para creer a Jesús cuando dice: «Esto es mi cuerpo». De manera que nos resta, como pasó con el Concilio de Trento, explicar cómo la Santa Comunión puede ser el cuerpo de Cristo.

Uno de nuestros problemas es que sabemos algunas cosas sobre el cuerpo de Cristo. Sabemos cómo lucía después de la resurrección. (La Biblia nos dice que su cuerpo parecía como el de un jardinero, o un hombre en el camino de Emaús, pero aparentemente no siempre como Jesús de Nazaret.)[28] Y sabemos dónde está él en este momento. Está en el cielo, pues ascendió y se sentó a la diestra del Padre. De manera que nuestro problema con «esto es mi cuerpo» se centra en la palabra es.[29]

Lo que sucede en la Eucaristía no es del todo como una reacción química (p. ej., el hidrógeno y el oxígeno se transforman en agua). Los componentes —la realidad— permanece la misma, pero la forma cambia a causa de la fusión atómica de los componentes. En la Eucaristía, ocurre exactamente lo opuesto: la realidad cambia, pero la forma permanece inalterable. Así que no hablamos de una «transfiguración», aunque algunos teólogos han utilizado este término porque es una palabra bíblica: Sobre el Monte Tabor, Jesús «se transformó en presencia de ellos; su rostro resplandeció como el sol, y su ropa se volvió blanca como la luz».[30] No, en el sacramento de la Eucaristía no hay cambio de apariencia. Aun si usted pudiera poner los elementos bajo un microscopio electrónico o pudiera observar los elementos al nivel molecular o subatómico, no habría cambio alguno que usted pudiera ver o medir.

Si eso no es lo que decimos, ¿entonces qué decimos? Simplemente que Jesús quiso decir lo que dijo: «Esto es mi cuerpo». Decimos que tras la consagración, los accidentes del pan y el vino contienen la realidad del cuerpo y la sangre, el alma y la divinidad de Jesucristo.[31] De manera que hablamos de un cambio real, es decir, un cambio a nivel de la realidad. Los teólogos escolásticos lo llamaron transubstanciación. El CIC también utiliza el término conversión.[32] Ambos términos significan que toda la substancia del pan se convierte en el cuerpo de Cristo y que toda la substancia del vino se convierte en la sangre de Cristo. Los Padres de la Iglesia argumentaron que esto era posible debido al poder de la Palabra. San Juan Crisóstomo escribe: «Esta palabra transforma las cosas ofrecidas».[33] San Ambrosio preguntó: «¿No podía de la palabra de Cristo, la cual puede hacer de la nada lo que no existía, cambiar las cosas existentes en lo que no eran antes?».[34]

Los teólogos católicos explican la conversión por medio de un tecnicismo llamado aducción.[35] Aducción significa que Cristo viene al sacramento sin dejar el cielo, y su presencia se hace efectiva en muchos miles de lugares. Esta explicación responde un número de objeciones a la doctrina de la transubstanciación.

Esto es muy importante para la comprensión católica del sacramento. Un sacramento es un signo que da lugar a lo que significa. Esto significa que los accidentes no son accidentales. El signo de comer y beber —signos de alimentación— y la unidad de los elementos con nuestros cuerpos da lugar a lo significado: el alimento espiritual y la unidad con Cristo.

¿QUIÉN DEBE PARTICIPAR DE LA CENA DEL SEÑOR?

Cualquiera que esté bautizado y en plena comunión con la Iglesia Católica debe recibir la Santa Comunión. La cuestión real para los católicos es cuándo deben ser admitidos a la Santa Comunión después del bautismo. Las prácticas de las iglesias Occidental y Oriental difieren en este punto, en tanto ambas se adhieren a idéntica interpretación doctrinal. En beneficio de aquellos lectores que pueden no estar familiarizados con la Iglesia Oriental, déjenme explicar rápidamente primero las dos «vertientes» del cristianismo tradicional y entonces resumir el acuerdo doctrinal sobre la comunión infantil. Después de eso, describiré las diferentes praxis de las dos tradiciones.

En la Iglesia primitiva se bautizaba a los adultos que creían en el Evangelio y entonces tomaban parte en la Eucaristía. Todo esto era bastante recto. El Bautismo era el rito de iniciación en la fe; la Santa Comunión era una iniciación continua. Gradualmente, como la Iglesia creció, los ritos litúrgicos crecieron también, y los procesos de iniciación se hicieron más formales. Un rito tripartito se convirtió en la norma: el bautismo, la confirmación, y la Eucaristía.

En el Oriente cristiano, mientras se bautizaba a los infantes, este mismo orden continuó. En la misma ceremonia, se confirmaba al infante recién bautizado con el crisma (el aceite consagrado) y entonces se le daba la Eucaristía. (En la práctica, se colocaba en las lenguas de los infantes una o dos gotas de la preciosa sangre. Solo cuando podían ingerir comida sólida se les daba el cuerpo de Cristo, mojado en la preciosa sangre, que es la forma normal en que los ortodoxos orientales y los católicos orientales administran la Santa Comunión.)

La Iglesia Occidental siguió en gran medida el mismo desarrollo—con una importante excepción. La iniciación cristiana de los infantes envolvía una «progresiva» administración de los sacramentos. El bautismo se le ofrecía a los infantes, pero para el siglo XIII, la confirmación y la comunión se demoraron hasta la edad de discreción—la edad de discreción se debatió en ese tiempo, pero los doce años parecen haber sido la práctica general.[36] Thomas A. Marsh ha señalado: «En entendimiento de la iglesia siempre ha sido que la confirmación debe preceder a la primera comunión. Pero aquí la práctica variaba mucho también, hasta que la secuencia clásica se hizo oficialmente normativa por el concilio de Trento (1566)».[37]

Muchas comunidades protestantes mantuvieron esta disciplina cuando se separaron de la Iglesia Católica en el siglo XVI. En el siglo XVIII, sin embargo, se desarrolló una práctica francesa por medio de la cual la confirmación se demoraba hasta después de la primera Santa Comunión. En el siglo XIX, la práctica se extendió a otros países. Entonces, comienzos del siglo XX, la edad de la recepción de la primera Santa Comunión se fijó a los siete años. El efecto fue que el orden del segundo y el tercer sacramentos se invirtió.[38]

¿CÓMO TRATAN LOS CATÓLICOS LAS CUESTIONES PASTORALES PRÁCTICAS?

Una cuestión pastoral práctica tiene que ver con cuáles elementos se deben utilizar en la celebración de la Santa Comunión. La respuesta para los católicos es muy simple: los que Jesús utilizó. Pan real hecho de trigo y vino real hecho de uvas son las materias válidas para el sacramento. Entendemos que estamos obligados por el ejemplo de Jesús. «Esto» en la frase «esto es mi cuerpo» se refiere a algo específico: a saber, el pan. «Esto» en la frase «esto es mi sangre del pacto» se refiere al vino. Utilizamos los elementos que Jesús usó.

Esto es tan importante que si fueran a utilizarse otros elementos, los católicos dirían que el sacramento era inválido. Lo que esto significa es que si «esto» no es pan, entonces no puede convertirse en el cuerpo de Cristo.

Así que cuando se presenta una situación pastoral, tal como una persona con una alergia al gluten, y alguien sugiere que debemos utilizar obleas de arroz en lugar de pan regular sin levadura para la misa, o que debemos utilizar jugo de uvas para alcohólicos, por buenas que sean sus intenciones al querer incluir a todos en la Santa Comunión, las intenciones no pueden cambiar la realidad. La Iglesia carece de autoridad para cambiar los elementos instituidos por Jesús para la celebración de los sacramentos.

¿CON QUÉ FRECUENCIA DEBE OBSERVARSE LA COMUNIÓN?

La práctica actual varía entre los católicos con respecto a esta cuestión. Mínimamente diríamos que un católico es alguien que cree las verdades del evangelio y que ha sido bautizado. Un católico practicante es uno que asiste a misa los domingos y días de precepto y cumple con lo que se llama el «deber pascual»: confesar cualquier pecado mortal y recibir la Santa Comunión por menos una vez al año. Un católico devoto es uno que va diariamente a misa. Estas simples definiciones, aunque no oficiales, se entienden y las emplean los católicos por todo el mundo. Para el católico devoto, la fuente y la cima de la vida cristiana se integran en la trama de su vida diaria. Lejos de constituir una rutina, la Santa Comunión se convierte realmente en un tipo especial de «pan cotidiano», por el que rogamos en el Padrenuestro.

¿DÓNDE DEBE SERVIRSE LA COMUNIÓN?

La siguiente pregunta planteada por el editor general fue: «¿Dónde debe servirse la comunión (por ejemplo, en los bancos, junto a la mesa, etc.)?». Después de reírme de algunos ejemplos con los que pensé responder, me di cuenta de que cada uno de los ejemplos fue en un momento en que la eucaristía había sido muy significativa para mi propia vida de fe. De manera que como parte de una seria respuesta, hice una lista.

Comencé mi lista mencionando la eucaristía del obispo, porque este es lo ideal en el modelo sacramental católico. Esta es la imagen de la Iglesia que enseñó Ignacio de Antioquía antes de su martirio en 110 a.C. Esta celebración revela la dimensión eclesial de la Eucaristía. San Ignacio dijo que donde usted encontraba al obispo y su eucaristía, allí encontraba la Iglesia Católica. Los fieles se reúnen, con el obispo a la cabeza, rodeado de sus presbíteros y asistido por los diáconos. Se reúnen ante Cristo, que está realmente presente en el altar y quien los une con el Padre y el Espíritu Santo. Como el obispo está unido con los demás obispos y el papa, en la eucaristía del obispo somos capaces de ver manifestado el misterio de la Iglesia como una, santa, católica, y apostólica.

Mientras que la eucaristía del obispo es la ideal, el cristiano católico promedio, sin embargo, celebra normalmente la Santa Comunión en la iglesia parroquial con esa porción del pueblo de Dios y dirigido por un pastor que el obispo designa para ministrar allí. Pero la parroquia no es el único lugar donde celebramos la Santa Comunión. También lo hacemos en hospitales y casas de reposo, donde el sacramento lleva alimento espiritual a los enfermos y moribundos. Desde la intimidad de la habitación de un enfermo también nos movemos a grandes reuniones públicas, tales como cuando el Papa reúne a cientos de miles para celebrar el Día Mundial de la Juventud. Y no olvide el importante momento en que un capellán militar sirve la Santa Comunión a sus tropas antes del combate. Y también recordamos la experiencia de muchos cristianos en el mundo de hoy, que celebran los sagrados misterios bajo persecución gubernamental donde la Iglesia tiene una existencia clandestina.

¿DEBE LIMITARSE EL ACCESO A LA MESA?

Esta cuestión se refiere a la *intercomunión*. Limitar el acceso a la mesa, o restringir quién debe recibir los sacramentos, es un tema desafiante. De un lado, el propio ejemplo de Jesús de compañerismo en la mesa con aquellos que debían haber sido excluidos por la ley judía es un sello de su ministerio terrenal.[39] Por otro lado, San Pablo es bien, bien claro cuando dice que si comemos y bebemos la Cena del Señor sin discernir el cuerpo, comemos y bebemos condenación.[40]

Hablo en mi parroquia sobre esto de esta manera: Si estamos en comunión, entonces podemos recibir la Comunión. Si estamos unidos con los otros miembros del cuerpo de Cristo, la Iglesia, si peregrinamos con ellos a través de esta vida, creyendo la fe, arrepintiéndonos de nuestros pecados, guardando los mandamientos, trabajando para conformar nuestras vidas a sus enseñanzas y ejemplo, sometiéndonos al gobierno de los sagrados pastores, en otras palabras, si discernimos el cuerpo, entonces podemos y de hecho debemos recibir el cuerpo y la sangre de Cristo en la eucaristía.

Pero hay momentos en que no debemos recibir la eucaristía. De nuevo, es San Pablo quien nos habla de esto. Si hemos caído de una correcta relación con Cristo por el pecado, estaríamos comiendo y bebiendo juicio, de manera que no debíamos recibir la Comunión. Y si causáramos escándalo a nuestros hermanos y hermanas, no debemos recibir la Comunión. La Biblia es muy clara sobre estos puntos. En los primeros años de la Iglesia, la excomunión significaba ser excluido de la recepción de la Santa Comunión. La reconciliación significa ser restaurado a la comunión, denotada por la recepción de la Santa Comunión. A veces, sin embargo, la excomunión (que siempre es entendida como una disciplina que motivaría la conversión de una persona, no simplemente un castigo) resultaba en una separación permanente. A veces, en los primeros años de vida de la

Iglesia, congregaciones enteras, o aun iglesias locales (diócesis) fueron separadas de la plena comunión con la Iglesia Católica. Casi siempre esto era el resultado de una herejía. Si la gente negaba la verdad de la fe cristiana, no existía una real comunión entre las dos iglesias, de manera que la Santa Comunión era imposible.

Hoy usted encuentra tres enfoques diferentes para la admisión a la Comunión: la comunión abierta, la comunión cerrada, y la intercomunión limitada. La comunión abierta se encuentra en aquellas comunidades eclesiales que invitan a cualquiera que esté bautizado o que crea en Jesús a venir a la mesa. La comunión cerrada es lo opuesto. Solo los miembros de buena reputación de esa iglesia particular pueden recibir la Comunión. La primera se puede caracterizar por la disciplina de la Iglesia Episcopal de Estados Unidos. La segunda es la práctica de la Iglesia Luterana—Sínodo de Missouri o de las iglesias ortodoxas. La Iglesia Católica se encuentra en el medio. Mientras que normalmente practicamos la comunión cerrada, hay ocasiones específicas en las que permitimos una limitada intercomunión con otros cristianos.

La decisión de permitir a otros cristianos recibir la Santa Comunión se hace caso por caso por el ministro que pastorea. No puede haber invitación. La decisión se basa en la situación espiritual de la persona y la relación de su propia iglesia con la Iglesia Católica en términos de fe y moral.[41]

¿A QUIÉN SE LE DEBE PERMITIR SERVIR LOS ELEMENTOS?

Hay dos dimensiones en esta pregunta. Es una doctrina Católica que solo un sacerdote válidamente ordenado puede consagrar los elementos. Esto significa que se necesita o bien un presbítero o un obispo para tener la Santa Comunión. Como una cuestión separada, los elementos se sirven normalmente (distribuyen) por obispos, sacerdotes, o diáconos. En casos de necesidad, pueden estar asistidos por acólitos y ministros extraordinarios.[42]

¿DEBE LA PREDICACIÓN DE LA PALABRA ACOMPAÑAR SIEMPRE LA CENA DEL SEÑOR?

La celebración de la misa siempre debe incluir la proclamación de la Palabra en la lectura de las Escrituras. Los domingos y los días de precepto se requiere tener un sermón. En la práctica general, desde el Concilio Vaticano II, la mayoría de los sacerdotes predica en cada misa que celebran, incluyendo los días de la semana.

Sin embargo, la Santa Comunión se distribuye regularmente fuera de la misa. Hay un rito especial para hacer esto, el cual, aunque contiene lecturas de las Escrituras, no tiene normalmente un sermón. Este rito lo utilizan los sacerdotes, diáconos, y ministros extraordinarios en la distribución de la Santa Comunión a los enfermos.

¿CÓMO DEBEN PREPARARSE LAS PERSONAS PARA LA MESA DEL SEÑOR?

Fue San Pablo quien enseñó sobre el comer y beber de una manera indigna.[43] La preparación para la eucaristía a través de la penitencia es una parte constitutiva de la vida cristiana. Es importante señalar aquí que, para los católicos, la penitencia es una proclamación de la doctrina de la gracia, no de las obras. Las prácticas penitenciales de la oración, el ayuno, y las limosnas están dirigidas a crear la disposición interior propia en el cristiano que propicia su configuración a semejanza de Cristo.

La oración penitencial sigue el modelo de los Salmos. Es una forma de oración para la cual encontramos muchos ejemplos en la Palabra inspirada. La mayoría de las oraciones devocionales católicas toman los temas y actitudes de los Salmos como su punto de partida. La penitencia es tanto una manera de crear una actitud como un medio para sanar los efectos del pecado en la vida de una persona. Esta cura viene de crear un espacio en el alma para el desarrollo de las virtudes que contrarrestan pecados específicos.

A fin de cuentas, se trata con el pecado a través de otro sacramento especial llamado penitencia o reconciliación. La mayoría de las personas lo llaman confesión. Una discusión de este sacramento nos llevaría más allá de los límites de este capítulo. Basta decir que Jesús dijo: «A quienes les perdonen los pecados, les serán perdonados».[44] Los católicos se atienen a su palabra.

¿DEBE ADORARSE LA EUCARISTÍA?

Si Jesús es quien dice que es, entonces debe creérsele. Si el pan y el vino que presentamos en la Misa se convierten en lo que él dice que se convierten, entonces deben ser adorados. Ese es el argumento simple de nuestra práctica de adoración eucarística.

He practicado la adoración eucarística desde que era niño. Y aun cuando era un niño pequeño, sabía muy bien que si el Señor Jesús estaba realmente presente en la Hostia, entonces al adorarla, lo estaba adorando a él. Más adelante, cuando estudié teología, me presentaron el libro de Apocalipsis, el cual, como ya he mencionado describe el cielo como un servicio de adoración. De hecho, en el Apocalipsis hay dos descripciones de lo que ocurre en el cielo. Una es la fiesta de bodas del Cordero;[45] la otra es la adoración del Cordero sobre el trono.[46]

Donde la celebración de la eucaristía en la misa con Santa Comunión es la anticipación de la fiesta de bodas del Cordero, la adoración eucarística es la anticipación de la adoración del Cordero sobre el Trono. En la adoración, hacemos lo que hacen los ángeles: nos postramos y adoramos. A través de los ojos de la fe, miramos al Señor. Miramos, esperando ver su gloria con los ojos de la fe, «la gloria que corresponde al Hijo unigénito del Padre, lleno de gracia y de verdad».[47]

En conclusión, ha sido un privilegio involucrarme en este sensible tema que ha dividido a las iglesias y comunidades eclesiales durante tantos años. Con optimismo, al escucharnos unos a otros con respeto, seremos capaces de comprender mejor las distintas posiciones y esclarecer equivocaciones de manera que cuando dialoguemos sea sobre las cuestiones reales y no una reacción hacia una caricatura de lo que otras comunidades creen.

UNA RESPUESTA BAUTISTA

Russell D. Moore

Mi compañero de habitación en la Universidad, James Whouley, era un católico devoto irlandés que centraba su vida alrededor de la celebración de la eucaristía sobre una base semanal, si no diaria. Mientras leía el capítulo de Thomas Baima, no pude sino recordar como observaba una transmisión televisiva de una misa católica romana a la que asistía cierto número de importantes funcionarios gubernamentales. Recuerdo cómo la cara de James se enrojecía mientras observaba la imagen de William Brennan, entonces Presidente de la Corte Suprema de los Estados Unidos, famoso por desafiar la posición de la Iglesia sobre la santidad de la vida humana de los nonatos y por escribir repetidos fallos judiciales que legalizaban el aborto, mientras se movía hacia el sacerdote que oficiaba la misa. «No lo hagas», murmuró James repetidamente conteniendo la respiración. Cuando vio la hostia eucarística colocada sobre la lengua de Brennan, James gritó al aparato de televisión; «¡No!». En su contrariado tono de voz, escuché a uno que tomaba seriamente las enseñanzas de su Iglesia sobre la presencia de Cristo en los elementos del pan y el vino. Leí algo escrito con el mismo tono en el capitulo de Baima, y lo aprecio.

Baima reconoce en su capítulo la división entre la tradición católica (incluyendo correctamente la ortodoxa y otras que sostienen similares punto de vista sobre la presencia real) y las demás tradiciones. Baima señala correctamente los anatemas del Concilio de Trento, anatemas que ponen en claro que mi posición sobre la Cena del Señor no es simplemente otro «punto de vista», sino la negativa a discernir el cuerpo de Cristo, una negativa que puede condenarme.

Siendo ese el caso, no puedo sino tomar en serio los reclamos de la Iglesia Católica Romana, aun cuando tengo que disentir de ellos en este punto. La seriedad con que la Iglesia Católica Romana cree en la eucaristía se ve, por ejemplo, en la calificada explicación de la posición católica romana sobre la intercomunión (pp. 133-34). A veces siento que otros protestantes evangélicos me acusan de una «intolerancia» bautista en relación con la creencia histórica de nuestras iglesias de que el bautismo es una ordenanza de la Iglesia y un prerrequisito de la Mesa del Señor. Como señala Baima, el bautismo es un prerrequisito de la Cena en virtualmente toda comunión cristiana, en las que la línea divisoria está dada por la propia definición del bautismo (pp. 129-30).[1]

Mientras Baima representa bien la enseñanza de la Iglesia Romana sobre la Cena, no me convence de que mis antepasados estaban equivocados al rechazar las ideas de la transubstanciación y la misa. Infortunadamente, hay pocas oportunidades para un diálogo fructífero sobre este punto, pues él y yo discrepamos primero que todo sobre la autoridad y solo en segundo término sobre la naturaleza de la Cena. Puesto que yo no percibo como proféticas las enseñanzas del Magisterio Romano, sino solo percibo la Escritura como la autoridad final y normativa para la Iglesia, tengo que preguntar dónde en la Santa Escritura se puede hallar el punto de vista católico sobre la misa. No pienso que Baima prueba su caso.

Baima argumenta que los escépticos que dicen que Dios no puede transubstanciar el pan y el vino en el cuerpo y la sangre de Cristo dudan del poder de Dios. Sin duda que eso es así. Como Baima señala, nada es imposible para Dios, incluyendo la resurrección de los muertos (pp. 127-28). Si embargo, ninguno de nosotros duda que Dios *podría* transformar los elementos del pan y el vino místicamente en la presencia de Cristo. No dudo que Dios *podría* haber mandado a su Hijo a Portland, Oregón, en el siglo XXI, antes que a Nazaret en el siglo I. La pregunta es si ha hecho esto. Baima argumenta que los proponentes de la transubstanciación «respondían a una acusación que se remonta a la propia Biblia: "¿Cómo puede éste darnos a comer su cuerpo?"» (p. 128). Esta es precisamente la acusación. Donde creo que Baima vacila es en la respuesta a la pregunta. Los judíos escépticos de Galilea no vieron que el discurso de Jesús sobre el comer su carne y beber su sangre tuviera que ver sobre todo con la *fe*. Después de todo Jesús apunta a sí mismo como el verdadero Maná de Dios al

El punto de vista católico romano | 139

decir claramente; «Y ésta es la voluntad del que me envió: que yo no pierda nada de lo que él me ha dado, sino que lo resucite en el día final. Porque la voluntad de mi Padre es que todo el que reconozca al Hijo y crea en él, tenga vida eterna, y yo lo resucitaré en el día final» (Jn 3:39-40).

Los murmullos de los que escuchaban hablar a Jesús de manera demasiado literal es un tema consistente en Juan. En Juan 2, cuando Jesús anuncia que él restauraría un templo destruido en tres días, los confundidos espectadores se preguntan cómo puede suceder esto cuando «tardaron cuarenta y seis años en construir este templo», asumiendo erróneamente que se refería al edificio físico de Jerusalén (v. 20). En Juan 3, Nicodemo oye hablar del nuevo nacimiento y pregunta si un hombre puede entrar por segunda vez en el vientre de su madre y volver a nacer (v. 4). En Juan 4, Jesús habla del agua viva, y la mujer samaritana asume que esta agua la liberará de la rutina diaria de ir al pozo (vv. 14-15). En Juan 8, cuando Jesús apunta a la esclavitud de quienes lo escuchan, ellos asumen que se trata de una esclavitud literal a algún poder humano (vv. 31-35). En Juan 9, cuando Jesús dice que ha venido para dar vista a los ciegos y ceguera a los que ven, los fariseos asumen que se refiere a un fallo congénito de la vista antes que a la ceguera espiritual de aquellos que no creían (vv. 38-41). En Juan 10, aún otra división ocurre entre los judíos cuando Jesús habla de sí mismo como un pastor que lucha contra los lobos y protege un rebaño, una división que provoca que lo llamen «loco de remate» (vv. 20-21). Y así en lo sucesivo. El problema con el punto de vista católico de la eucaristía no es que busque dar respuesta a la cuestión de los murmullos de la multitud a la orilla del mar sino que busca responderla sobre la base de los mismos términos erróneos.

Aún más problemático, en mi opinión, es el punto de vista católico romano de la naturaleza sacrificial del sacramento, una visión que yace tras el tratamiento de Baima de la adoración eucarística, el papel de la eucaristía en el proceso de la redención, y así sucesivamente. Baima nos pide que no nos aferremos a este párrafo y llenemos nuestras respuestas «con citas del libro de Hebreos», diciendo que «no es la plática que ahora nos ocupa» (p. 125). Desafortunadamente, me siento como el policía de carreteras al que un automovilista le dice: «No prestes atención a ese radar que monitorea mi velocidad. Me gustaría sostener esa interesante conversación, pero ahora hablamos de algo completamente diferente, de si he violado o no la ley». Para los bautistas y otros protestantes, Hebreos es del todo relevante para la discusión, pues la Iglesia Romana insiste en presentar la Cena, como lo hace aquí Baima (de manera enteramente consistente con el Catecismo y los concilios católicos históricos) como la nueva realización del sacrificio de Cristo. No creo que yo cambio el tema cuando alego que Hebreos ancla nuestra fe a una sangre que ya ha sido derramada, de una vez por todas, fuera de las puertas de Jerusalén, y ofrecida por el pecado en los lugares celestiales (Heb 9—10). La propia naturaleza del sistema sacramental, en el cual se le infunde repetidamente al creyente la gracia de Cristo a través de los sacramentos, nos parece que es precisamente el problema que identifica el autor de Hebreos en los oscuros y temporales sacrificios de animales del Antiguo Pacto (Heb 10:11-14). Parece que, al contrario de la economía sacramental católica, el Nuevo Pacto convoca a una Iglesia que se funda sobre la fe a apartar la vista de sí misma y mirar hacia un Mesías ya crucificado, y ya resucitado. En este caso, la Cena edifica a la Iglesia por medio de la proclamación: la proclamación de una salvación ya cumplida que se recibe mirando hacia Cristo y que descansa en Cristo (vea Jn 3:13-15).

Baima coloca amablemente la Comunión dentro del encuadre mayor de la verdad que Dios es una comunión de personas. Con esto concuerdo del todo, y, como señalé en mi capítulo, este es un punto que dolorosamente falta en el protestantismo evangélico. La comunión de la Iglesia alrededor de la Cena del Señor no tendría sentido si el Alá unipersonal y centrado en sí mismo fuera el dios del cosmos. ¿Podría ser que Baima exagerara el énfasis del cristianismo en la Cristología? ¿Puede ser que una visión trinitaria centrada en Cristo sea la visión del Nuevo Testamento, a fin de que la adoración celestial de la revelación que señala Baima venga a través de la sangrienta mediación de Aquel hacia quien apunta el Espíritu (Jn 15:26), Aquel por medio del cual el Padre recibe gloria al escuchar que toda lengua en el universo reconoce su señorío (Fil 2:9-11; Col 1:15-20)? Si esto es así, como Jesús prometió, entonces el Espíritu busca crear y sostener la fe señalándonos continuamente la mediación sacerdotal y el triunfo real de nuestro mesiánico Rey. Pese al estimulante capítulo de Baima, todavía creo que esta fe viene en última instancia a través de la *proclamación*—en palabras, en agua, y en el pan y el vino.

UNA RESPUESTA REFORMADA

I. John Hesselink

Thomas Baima comienza señalando que el punto de vista que él presenta sobre la Cena del Señor o Misa lo sostienen todas las iglesias católicas. Entonces expone este punto de vista de una forma tradicional y, presumo, exacta. Si fuéramos a continuar esta discusión, me gustaría preguntarle qué piensa de algunos de los recientes desarrollos de la sacramentología católica romana. Él sí cita unos cuantos estudios recientes sobre la misa por teólogos católicos, pero estos análisis no reflejan ninguno de los intentos por repensar o reevaluar la noción escolástica de la transubstanciación, que es el punto de fricción entre católicos y protestantes. Nosotros ya no pensamos en categorías aristotélicas de materia, forma, y substancia, y por consiguiente una idea propuesta por algunos teólogos católicos modernos, a saber, pensar en términos de «transfiguración» antes que transubstanciación, ofrece una nueva posibilidad para un diálogo ecuménico fructífero.

Por la parte reformada, un término utilizado por el prominente pero poco conocido teólogo del siglo XVI Pedro Mártir Vermigli ofrece la posibilidad de una convergencia ecuménica sobre este espinoso asunto. En un tratado sobre la Eucaristía publicado en 1549, éste utilizó el admitidamente torpe pero sugestivo término «transelementación». Con esto quiere decir que «el mismo pan se transformó por virtud de su unión sacramental con, y participación en, la carne de Cristo»[1] La noción de «unión sacramental» es común en Calvino y otros autores reformados.

También se ha señalado que en ciertos puntos Calvino y Aquino tenían más en común que Lutero y Aquino. A los dos los unía la creencia de que el cuerpo humano del Cristo ascendido estaba en el cielo y no era omnipresente. De acuerdo con esto la presencia real, tanto para Aquino como para Calvino, tenía que mantenerse lógicamente aparte de la presencia local. Pienso que Calvino y Vermigli coincidirían con Aquino cuando este afirma: «El cuerpo de Cristo no está en este sacramento de la manera que un cuerpo está situado en un lugar. Las dimensiones de un cuerpo en un lugar se corresponden con las dimensiones del lugar que lo contiene. El cuerpo de Cristo está aquí de una manera especial que es apropiada para este sacramento».[2] Por otra parte, Aquino también creía que la presencia corporal de Cristo era espiritual y se realizaba solo por el poder del Espíritu Santo. Como señalé (pp. 64-67), Calvino se destaca por su énfasis en el papel que desempeña el Espíritu Santo en salvar la brecha entre el Cristo resucitado y el creyente y en hacer posible que nos alimentemos de la carne y la sangre del Salvador.

Las diferencias, por supuesto, son todavía significativas. Primeramente, el énfasis de Calvino es alimentarse espiritualmente de Cristo en el cielo. En contraste tanto con Aquino como Lutero, Calvino rechazó la creencia de que el cuerpo de Cristo estaba contenido en el pan. Una sugerencia aún más enérgica la hizo el teólogo católico húngaro Alexandre Ganoczy. En el prefacio a la traducción inglesa de su libro *The Young Calvin*, mantiene lo siguiente sobre la interpretación que les daba Calvino a los sacramentos:

> Calvino debe ser reconocido como alguien que está de acuerdo con la tradición y por lo tanto como católico. Con esto me refiero sobre todo a su doctrina de la presencia real de Cristo en la Cena del Señor a través de la actividad del Espíritu Santo. Sobre este punto, de acuerdo con las investigaciones más recientes, ni el Concilio de Trento podía hacer excepción alguna con la enseñanza de Calvino. Podemos decir que la pneumatología de Calvino sirve no solo para afirmar la absoluta libertad de Dios en sus acciones de servicio sino también para apoyar una comprensión dinámica de los sacramentos, la cual de muchas maneras está bastante cerca de la doctrina de la Eucaristía de las iglesias orientales.[3]

Otro asunto importante ha sido la cuestión concerniente al lugar del sacrificio en la Cena/Misa. En tiempos de la Reforma este fue un asunto altamente divisivo, tanto que en la primera edición del Catecismo de Heidelberg (1563), que todavía se utiliza ampliamente en muchas iglesias en el mundo de la tradición reformada, la misa se describe como «una idolatría condenable» (*eine vermaledeite Abgotterei*). ¿Por qué? Porque «básicamente la misa no es otra cosa que una negación del sacrificio y el sufrimiento únicos de Jesucristo» (P. y R. 80).[4] A la luz de una interpretación diferente del punto de vista católico del sacrificio de la misa —y en un espíritu más ecuménico— muchas versiones actuales del Catecismo ponen esto entre paréntesis y señalan que esta frase no estaba en la versión original del Catecismo.

Como señala Baima, el concepto de sacrificio «está vinculado a la noción católica del sacramento» (p. 125). Hoy en día los protestantes no tienen problemas con esto, por cuanto se entiende que a Cristo no se lo sacrifica en sentido literal cada vez que se celebra la misa. En otras palabras, si el sacrificio de Cristo no se define ya en términos de repetición, sino más bien como una re-presentación, entonces ahí no debe haber una piedra de tropiezo. Todavía quisiera un esclarecimiento de lo que Ott denota cuando dice que la misa «es un sacrificio en cuanto a que en ella Cristo se ofrece como un don sacrificial a Dios» (p. 125). ¿Aceptarían los católicos romanos la idea del sacrificio enunciada en un reciente rito de los Metodistas Unidos que habla de «nuestro sacrificio de alabanza y acción de gracias, que ofrecemos junto al sacrificio de Cristo por nosotros?».[5]

En todo caso, aprecio el énfasis sobre la importancia de una perspectiva Trinitaria de la Cena del Señor como se la expresa en la noción católica de una «economía sacramental» (p. 123). En comparación con los luteranos, también estamos de acuerdo con la noción de «aducción», no entendida como que significa transubstanciación, sino que «Cristo viene al sacramento sin dejar el cielo, y su presencia se realiza en muchos miles de lugares». (p. 129). Y nosotros cuatro concordamos en que debemos celebrar el sacramento doxológicamente, mirando hacia delante a la fiesta de bodas del Cordero sobre el trono.[6]

UNA REPUESTA LUTERANA

David P. Scaer

Thomas Baima comprende correctamente la presencia de Cristo en la Cena del Señor dentro del más amplio contexto de las tres Personas divinas. La comunión Trinitaria se expresa en la Encarnación y después en todos los sacramentos a través de los cuales Cristo hace de la Iglesia su cuerpo. Los luteranos pueden afirmar que «Dios y la Humanidad están unidos por medio de las acciones del Espíritu Santo, las cuales llamamos sacramentos» (p. 122).

En la Apología a la Confesión de Augsburgo, el bautismo, la Cena del Señor y la confesión y absolución se relacionan como sacramentos; aunque para Lutero, la absolución era la práctica del bautismo y en este sentido sacramental. Otros ritos reconocidos como sacramentos por los católicos también los practican los luteranos como proclamaciones evangélicas de la gracia para crear y confirmar la fe. Ninguno porta las amenazas de la ley, pero aquellos que los rechazan se privan a sí mismos de la gracia.

Los luteranos pueden concordar en que la Cena del Señor es el pináculo hacia el cual se dirige a los bautizados por medio de la predicación; sin embargo, para los luteranos, el bautismo se mantiene efectivo a lo largo de la vida del creyente y sigue siendo para él o ella el sacramento fundamental del que emerge la Iglesia. El bautismo nunca está en tiempo pasado ni lo reemplazan los demás sacramentos o ritos sino determina las fronteras de la fe.

Baima advierte a sus compañeros colaboradores sobre el citar a Hebreos al responder a su exposición de los sacramentos como un sacrificio (p. 125). Esto abre una puerta para discutir su definición del sacramento como la *anamnēsis*, «cuando están presentes la misma ofrenda, el mismo sacerdote, y el mismo sacrificio» (p. 125. Ciertamente en la Cena de Cristo están presentes una ofrenda, un sacerdote, y un sacrificio. Como el bautismo es participación (comunión) en la muerte y resurrección de Cristo, así la Cena del Señor es comunión en su sacrificio al recibir su cuerpo y sangre por medio de los cuales Cristo hizo el sacrificio.

El sacrificio ocasiona la eficacia sacramental. Lo que se ofrece a Dios como sacrificio se nos da a nosotros como sacramento. Sacramento y sacrificio son dos caras diferentes de una misma realidad. La muerte de Cristo es un momento histórico único, pero este sacrificio o expiación por el pecado es una realidad eterna delante de Dios, la cual determina como él trata con el mundo. El único sacrificio por el pecado se corresponde con una sola Eucaristía, la cual se manifiesta a sí misma donde quiera los cristianos la celebran. Nadie sino Dios puede ofrecer a Cristo como un sacrificio, y solo Cristo distribuye su sacrificio como sacramento a su pueblo. Como siervos de Cristo, los ministros son solo sus instrumentos en la distribución de los beneficios del sacrificio en los sacramentos, pero sus personas no contribuyen a la esencia ni los efectos del sacramento.

En todos los aspectos del sacramento —sus instituciones, contenido, y administradores— es la Cena *del Señor* y no de la Iglesia. La participación de Cristo en el sacramento pertenece a su promesa de tomar del fruto de la vid con sus discípulos en el reino de su Padre, el cual vino con su resurrección. En lugar de ver la Cena del Señor como un auxilio para la debilidad humana, los cristianos ascienden en la Cena del Señor la mayor de las glorias sobre la tierra. Cristo se convierte en parte de nosotros y nosotros no convertimos en parte de él. Esta misteriosa unión sacramental entre Dios y su iglesia refleja la más misteriosa unión encarnada de Dios y la Humanidad en Jesús. En la Fórmula de la Concordia (1577), la confesión con que culmina el Libro de la Concordia, el artículo sobre Cristo se sitúa exactamente después del dedicado a la Cena del Señor. Uno documenta al otro, y un defecto en uno señala un defecto en el otro.

Tradicionalmente, en sus liturgias de la comunión los luteranos no tienen *epiklēsis*, esa parte de los ritos ortodoxos orientales en los cuales se invoca al Espíritu sobre los elementos para hacer de ellos el cuerpo y la sangre de Cristo. Esta exclusión obedece a razones históricas y no teológicas. Ella no formaba parte de los ritos católicos conservados por los luteranos. El Espíritu está presente y obra en la Cena del Señor al igual que está en la predicación y en todos los sacramentos y ritos de la Iglesia, en el entendimiento de que él está allí con Cristo como Dios y hombre y no como un reemplazo o sustituto de un Jesús confinado a un cielo espacial.

Sí, el sacramento es comida para el alma, pero también para el cuerpo. Su contenido no sólo es el Cristo crucificado sino el resucitado, el cual nos hace partícipes en su resurrección y garantiza la nuestra. Las almas de los incrédulos no tienen fe en que el sacramento las alimente, pero sus cuerpos devoran el cuerpo y la sangre de aquél que juzga la incredulidad. Su participación los trae delante del trono del juicio de Dios. Para evitar este horror y en la esperanza de que las personas reciban en fe este sacramento, las iglesias cristianas primitivas despedían a los no bautizados antes de la Eucaristía. Por esta razón y para expresar la unidad de la fe, la mayoría de las iglesias reformadas comparten la comunión solo con aquellos de su propia fraternidad. Esta es todavía la práctica común de la mayoría de las iglesias católicas romanas y de aquellos luteranos que se adhieren a sus confesiones.

El Concilio de Trento (1545-1560) intentó refutar lo que los católicos consideraban la herejía luterana en relación con la presencia real. Baima cita su primer canon sobre el sacramento de la Eucaristía (de la sesión decimotercera):

> Si alguien niega que en el sacramento de la Santísima Eucaristía están contenidos verdadera, real y substancialmente el cuerpo y la sangre junto con el alma y la divinidad de nuestro Señor Jesucristo y por lo tanto, la totalidad de Cristo está verdadera, real y substancialmente contenida, sino que dice que él está en ella solo como en un signo o figura o por su poder, que éste sea anatema.[21]

Martin Chemnitz respondió en detalle a este documento en su monumental *Examination of the Council of Trent*, en la cual quería mostrar no sólo dónde disentían los luteranos sino también dónde concordaban con este. Se acepta el canon en la medida en que «en» no se refiera a empanización, la creencia de que el cuerpo está contenido como una nuez dentro de una galleta, o transubstanciación. Los luteranos habían utilizado un lenguaje similar al hablar del cuerpo y la sangre de Cristo «en» el cuerpo y el vino y añadido en otros documentos las preposiciones «con» y «bajo». La Confesión de Augsburgo declara: «El verdadero cuerpo y la sangre de Cristo están realmente presentes bajo la forma del pan y el vino en la Cena del Señor». Múltiples preposiciones afirmaron la presencia de Cristo en la Cena, pero no en el sentido de otros objetos que ocupan el mismo espacio a la vez.

Por esta razón los reformados rechazaron la posición luterana. La cuestión podría quedarse en la simple repetición de las propias palabras de Cristo de que el pan en su cuerpo y la copa es su sangre. Los luteranos basaron su defensa contra Zwinglio sobre el *est*, la palabra latina para «es». Cualesquiera que sean los argumentos bíblicos que se introduzcan en el debate, las palabras de Jesús deben estar al menos delante y en el centro.

Baima suaviza el anatema de Trento sobre aquellos que no acepten este punto de vista al compararlo con el diagnóstico médico de una enfermedad antes de prescribir la medicina (pp. 127-28). Sin embargo, las Confesiones Luteranas condenan de manera similar a aquellos que sostienen que Cristo está sólo espiritualmente presente o que esto no es más que un signo o recordatorio. Algunos puntos de vista son simplemente intolerables.

No es de sorprender que, como teólogo católico romano, Baima quiera omitir «romano» después de católico (p. 119 n.2). Con todo, Roma compromete su catolicidad al elevar a su Papa por encima de todos los demás obispos, ministros e Iglesias. Pontífices recientes han trabajado a favor de una tregua con los patriarcas ortodoxos y han permitido a miembros de esa comunión comulgar en sus iglesias, pero los ortodoxos no han reciprocado.

La transubstanciación es una definición filosófica típicamente occidental de la Eucaristía que no puede equipararse con el punto de vista ortodoxo. Baima compara la transubstanciación con la transfiguración (pp. 128-29). Esto puede distorsionar el misterio de la Eucaristía. Como sugiere la palabra griega *metamorphōsis*, la forma humana de Cristo fue transformada de manera que en ella y a través de ella se manifestó su naturaleza divina. Esto no significa que su naturaleza humana fuera reemplazada por su naturaleza divina, una comparación que Baima utiliza al explicar la transubstanciación. En su transfiguración, Jesús era tan hombre como en el estado de humillación, y, de manera similar, en la Cena del Señor su cuerpo y sangre están presentes «en, con, y bajo» el pan y el vino sin reemplazarlos. Justo como el hombre Jesús es Dios, así el pan es su cuerpo.

Baima señala que los puntos de vista de otros, incluyendo los ortodoxos, también se deben ventilar (p. 119). Su exclusión fue quizás una cuestión de espacio o debido al hecho de que sus puntos de vista no son muy diferentes de los que se expresan en ese lugar. Como los bautistas, muchas iglesias pentecostales rechazan el bautismo infantil y comparten con ellos puntos de vista sobre la Cena del Señor que están en línea con los de Zwinglio. Baima no menciona a los episcopales. Su rica práctica eucarística los sitúa junto a los luteranos y católicos romanos en la tradición católica, pero los seguidores de Zwinglio y los calvinistas ya reconocieron sus Treinta y Nueve Artículos. Esto es un enigma no sólo para los de afuera sino quizás también para ellos.

La aseveración de que la creencia luterana no permite que la presencia de Cristo se extienda más allá de la celebración litúrgica necesita elaboración (p. 127). Llevar los elementos sacramentales de la iglesia al que está confinado en casa junto con la recitación de las palabras de la institución era algo común. Al escuchar el sonido de las campanas de la iglesia en distintas partes del servicio; incluyendo durante las palabras de la institución, aquellos confinados en sus casas participaban. Solo se consagraban suficientes hostias para aquellos que recibían el sacramento, y al final del servicio, el contenido del cáliz lo consumían los ministros. Una mezcla de hostias consagradas y no consagradas no se permitía. Por esto Lutero excomulgó a un ministro bajo la sospecha de zwinglianismo.

Los luteranos objetaban la práctica romana de llevar en procesión el sacramento y su uso en la bendición vespertina. En la Dieta imperial de 1530, de la cual surgió la Confesión de Augsburgo, los príncipes luteranos desafiaron bajo pena de muerte la orden de Carlos V de participar en la procesión del Corpus Christi. Los luteranos adoran a Cristo dondequiera que esté, incluyendo los sacramentos, y por eso Lutero se inclinaba ante la fuente del bautismo y el sacramento. Cristo no está confinado en ningún cielo distante, pero a la diestra de Dios él está entre nosotros en la predicación y los sacramentos.

Al recibir la Cena del Señor en el altar y no en los bancos, los luteranos afirman su creencia de que con la consagración los elementos terrenales del altar se convierten en el cuerpo y la sangre de Cristo, y de conformidad con eso se arrodillan para recibirlos. En el Catecismo Breve, los luteranos aprendieron a llamarlo «el sacramento del altar». La distribución sacramental en los bancos la hace aparecer como la cena de la iglesia, que se convierte en sacramento por la fe de los creyentes.

Quizás la actual práctica romana de tener laicos que distribuyan el sacramento en los pasillos y no en el altar será evaluada por el actual pontífice, quien parece comprometido a reafirmar la teología y las prácticas tradicionales.

Bajo la influencia del protestantismo americano, con su inclinación Reformada, muchas congregaciones luteranas han reemplazado la copa común con vasos individuales. Con las preocupaciones sobre enfermedades contagiosas, esta práctica se extiende. Para expresar la unidad de la iglesia, los luteranos a quienes les preocupa la tradición están regresando a la copa común. En la Impugnación Romana, los católicos romanos aceptaron la posición luterana de que los elementos terrenales eran el cuerpo y la sangre de Cristo. Una discusión ulterior puede revelar coincidencias mayores, pero la cuestión puede ser debatible. Pese a que los ministros luteranos no están ordenados por obispos en comunión con el Papa, sí ofrecen un sacramento que encierra el cuerpo y la sangre de Cristo. Irónicamente, a menudo se confunde a los luteranos con los reformados, cuyos puntos de vista ellos rechazan y quienes a su vez rechazan los puntos de vista luteranos por estar demasiado cercanos a Roma.

Quizás los argumentos que aquí se ofrecen sugieran a algunos que el título que describe el punto de vista católico romano —de la Presencia Verdadera, Real, y Substancial de Cristo— también se aplica al punto de vista luterano. Puesto que la doctrina luterana, que mantiene que se accede al cuerpo de Cristo a través del pan, se corresponde mejor con la encarnación en la cual se accede a Dios a través del hombre Jesús, los luteranos podrían tener más derecho a reclamar esto.

Notas: Capítulo 4: El punto de vista católico romano (Thomas A. Baima)

    1. Paul A. Basden, ed.: *Exploring the Worship Spectrum* (Grand Rapids: Zondervan, 2004).

    2. Dejo el adjetivo «Romano» a un lado porque la Iglesia Católica se compone de veintidós Iglesias de ritos autónomos, uno solo de los cuales sigue el rito romano. La posición doctrinal que presento la sostienen todos ellos. En algunos lugares también me referiré a las iglesias ortodoxas.

    3. Entre los sitios oficiales de la Web que recomiendo están www.vatican.va (la Santa Sede), www.fides.org (el servicio de noticias de la Congregación para la Evangelización de los Pueblos), www.usccb.org (la Conferencia de Obispos Católicos de Estados Unidos), y www.archchigago.org (la Arquidiócesis de Chicago).

4. John D. Zizioulas: *Being as Communion: Studies in Personhood and the Church* (Crestwood, N Y: Saint Vladimir's Seminary Press, 1985).

5. El cristomonismo, como lo sugiere la palabra, es una visión monista de Dios en la que Cristo es igual a Dios. Usualmente es más bien una herejía práctica antes que teológica, el cristomonismo cree que Jesús es Dios, y entonces ignora la verdad de que Dios es una Trinidad. Dondequiera que utilizan la palabra Dios, quieren decir «Jesús».

6. 2 Pedro 1:4.

7. 1 Corintios 12:27.

8. CIC, pp. 113-130.

9. Vea Paul McPartlan: *The Eucharist Makes the Church* (Edimburgo, T&T Clark, 1993).

10. CIC, pp. 1220-1666.

11. *Sacrosanctum Concilium*, p. 10.

12. Vea Apocalipsis 7:11.

13. Vea Éxodo 20:2-7 y Deuteronomio 5:6-21 para textos sobre el Decálogo. De manera particular, los primeros tres mandamientos, utilizando ya sea la numeración protestante o la católica, centran nuestra atención en la doxología.

14. CIC, p. 1081.

15. Vea CIC, p. 1104.

16. Citado en CIC, p. 1106.

17. Vea CIC, pp. 1356-1381.

18. Vea Michael McGuckian, S. J.: *The Holy Sacrifice of the Mass* (Chicago: Hillenbrand, 2005).

19. Ludwig Ott: *Fundamentals of Catholic Dogma*, 4th edition, ed. James Canon Bastible (Rockford, IL: Tan, 1960), p. 402.

20. CIC, pp. 115-116.

21. Citado en J Neuner, S. J., y J. Dupuis, S. J., *The Christian Faith in the Doctrinal Documents of the Catholic Church*, 7th Edition, ed. Jacques Dupuis (Nueva York: Alba House, 2000). Para aquellos familiarizados con el latín: Si quis negaverit, in sanctissimae Eucharistiae sacramento contineri vere, realiter et substantialiter, corpus et sanguinem una cum anima Domini nostri Iesu Christi ac proinde totum Christum; sed dixerit, tantummodo esse in eo ut in signo vel figura, aut virtute: anathema sit.

22. La consagración separada del pan en el cuerpo de Cristo y del vino en la sangre de Cristo significa la crucifixión, cuando después de la muerte de Cristo, el soldado romano traspasó el costado del Señor con una lanza y su sangre manó de su cuerpo.

23. Vea CIC, p. 1381.

24. Marcos 10:27.

25. Vea Engelbert Gutwenger: «Transubstantiation», en *Encyclopedia of Theology: The Concise Sacramentum Mundi*, ed. Karl Rahner (Nueva York: Seabury, 1975), p. 1752.

26. Juan 6:52.

27. Vea Juan 6:61-62.

28. Vea Juan 20:15; Lucas 24:13-35.

29. La filosofía aristotélica, según la desarrollaron los teólogos tomistas, entiende que todo ser está compuesto de materia y forma. La materia y la forma juntas constituyen la substancia de una cosa. La substancia es lo que el ser es, a nivel de la

El punto de vista católico romano | 151

realidad. Además de la substancia, cada cosa tiene «accidentes». Los accidentes son los que aprecian los sentidos, lo que podríamos llamar hoy «fenómenos». Los accidentes se pueden ver, tocar y medir. Para decirlo con toda claridad, cualquier cosa que es sensible o perceptible es un accidente. La substancia solo puede ser aprehendida por la mente a través de la razón.

30. Mateo 17:2.

31. Para explicar de una manera técnica la enseñanza tridentina: «Después de la consagración, el pan y el vino [los accidentes sensibles] contienen [la realidad de] el cuerpo y la sangre, el alma y la divinidad de Jesucristo».

32. Vea CIC, p. 1375.

34. Ibíd.

35. Aducción (del latín ad [«hacia»] y ducere [«conducir»] se define formalmente como «La acción de conducir una cosa hacia algo distinto; espec. [el]... llevar el cuerpo y la sangre de nuestro Señor dentro de los elementos, transubstanciación» (*New Oxford English Dictionary*, vol. 1 [Oxford: Clarendon, 1993], p. 25).

36. Vea Thomas A. Marsh: «History of Confirmation», en *The New Dictionary of Sacraments and Worship*, ed. Peter Fink (Collegeville, MN: Liturgical, 1990), pp. 265-267.

37. Ibíd. p. 267.

38. Marsh continúa para señalar que el Papa Santo Pío X (Giuseppe Sarto) en su decreto de 1910 no hizo referencia a la confirmación. La norma «tradicional» de su recepción alrededor de los 12 años continuó. Lo que cambió fue que al fijar la edad de la Primera Comunión a los siete años, el orden se invirtió.

39. Vea Lucas 5:30.

40. Vea 1 Corintios 11:27-29.

41. Los detalles de esta disciplina se pueden encontrar en el Código de la Ley Canóniga, canon 844, y en el *Directory for the Application of Principles and Norms on Ecumenism*, no. 122-136.

42. «Extraordinarios» son los ministros que no han sido ordenados.

43. Vea 1 Corintios 11:17-29.

44. Juan 20:23.

45. Vea Apocalipsis 19:1-10.

46. Vea Apocalipsis 5:13.

47. Juan 1:14.

Notas: Capítulo 4: Una respuesta bautista (Russell D. Moore)

1. Por eso el estadista bautista Herschel Hobbs escribió una vez que los bautistas no eran primariamente «de comunión cerrada», sino de «bautismo cerrado» (Herschel H. Hobbs: *What Baptist Believe* [Nashville: Broadman & Holman, 1964], p. 85).

Notas: Capítulo 4: Una respuesta reformada (I. John Hesselink)

1. Le debo esta información a un iluminador ensayo de George Hunsinger, profesor de teología sistemática en el Seminario de Princeton: «The Bread That We Break: Toward a Chalcedonian Resolution of the Eucharistic Controversies», en *Princeton Seminary Bulletin* 24.2 (Julio 2003): p. 254.

2. Tomás de Aquino, *Summa Theologica* 3a.75.1, vol. 58, ed. William Barden (Nueva York: McGraw-Hill, 1965).

3. Alexandre Ganoczy, *The Young Calvin*, trans. David Foxgrover and Wade Provo (Filadelfia: Westminster, 1987), p. 11.

4. Esta es la traducción que aparece en la version publicada por la Iglesia Cristiana Reformada en *Ecumenical Creeds and Reformed Confessions* (Grand Rapids: Board of Publications of the Christian Reformed Church, 1988).

5. Citado en James F. White: *Sacraments as God's Self Giving* (Nashville: Abingdon, 1983), p. 58.

6. Vea Apocalipsis 5:13; 19:1-10.

CONCLUSIÓN:
LAS DOS PREGUNTAS MÁS IMPORTANTES

John H. Armstrong

El propósito de *Cuatro puntos de vista de la Cena del Señor* ha sido proveer una presentación balanceada y equitativa de cuatro puntos de vista distintos histórico/teológicos de la Comunión practicada dentro de la tradición cristiana. De seguro, hay otros puntos de vista, aun matices dentro de estos cuatro puntos de vista, que no están representados en nuestro libro. Dentro del Protestantismo evangélico solamente hay modestas (y a veces cáusticas) variantes de los tres puntos de vista protestantes presentados aquí. Como editor general, tuvo que tomar varias decisiones importantes. Obviamente, tuve que escoger los autores para cada uno de los capítulos. La decisión más fundamental desde el principio fue cuáles puntos de vista incluir y cómo encuadrar la aproximación a cada punto de vista particular. Al final, decidí incluir los tres puntos de vista protestantes representativos (esencialmente el reformado, el luterano, y el bautista), pues estos se alinean claramente con las tradiciones y prácticas generales comunes a nuestras iglesias.

También comprendí que este volumen no podía proveer una base seria para el diálogo y el debate fructífero sin incluir el punto de vista católico romano de la Cena del Señor como la misa. Este es el porqué se invitó a Thomas Baima a ofrecer un importante punto de contacto y análisis para lectores protestantes. Si hubiera incluido cinco puntos de vista, habría añadido un capítulo sobre la perspectiva ortodoxa oriental. Hay mucho que aprender del Oriente, el cual muchos de nosotros en la Iglesia Occidental solo ahora descubrimos. Como los lectores de este libro son fundamentalmente de Occidente, decidí limitar la discusión a los debates católico/protestante y protestante/católico sobre la comunión.

Este tópico es en realidad digno de varios libros. De hecho, el tema ha generado incontables páginas de texto, así como numerosos debates, a lo largo de los siglos. La bibliografía al final del libro ayudará a los lectores a profundizar si ese es su deseo. Mi meta ha sido la claridad y la simplicidad, junto con el respeto y una desapasionada equidad. Creo que estos cuatro colaboradores han cumplido su finalidad y les han dado a los lectores una penetrante visión de conjunto que se ajusta bien al diseño de una presentación de punto y contrapunto.

Al tratar este complejo tema, los colaboradores han buscado entender y responder a las preguntas más básicas suscitadas por sus diferentes puntos de vista sobre la Cena del Señor. Estoy convencido de que las dos preguntas más importantes siguen claras: (1) ¿Cuál es el significado y la importancia de esta Cena? y (2) ¿Por qué debemos celebrar la Cena del Señor con regularidad en nuestras comuniones eclesiales? Todas las demás preguntas fluyen de estas dos en un sentido muy importante. Déjenme ilustrarlo.

Como ya habrá usted descubierto, una de las preguntas apremiantes en este debate siempre será: ¿Cuál es el significado de este pan y esta copa de que somos partícipes en la Cena del Señor? Nuestros autores han demostrado cómo las respuestas varían considerablemente. Hay claras diferencias entre ellos en cuanto a cómo Cristo está presente en el pan y el vino. Está claro que este debate no quedará zanjado por estas cuatro presentaciones. Pero las presentaciones arrojan gran luz sobre los motivos por los cuales las diferentes iglesias cristianas practican la Cena del Señor, cómo lo hacen y por qué enseñan lo que enseñan sobre su significado.

Hay varias cosas importantes sobre las cuales todos los cristianos pueden estar de acuerdo. Al creer estas cosas, podemos llegar a un más rico entendimiento de la Cena del Señor y a un amor más profundo por Cristo.

- Nadie está justificado para descuidar o denigrar la Cena del Señor solo porque se mantengan los desacuerdos entre los creyentes sobre su práctica y significado. Podemos diferir en nuestra comprensión de la forma precisa en que la gracia se relaciona con la Cena del Señor sin concluir que aquellos que están dentro de otras tradiciones cristianas que difieren de la nuestra estén fuera de la gracia de Dios. Lo importante es obedecer a Cristo al venir a esta mesa. Y el punto más importante es comulgar como él nos enseñó, no simplemente debatir el significado de la Comunión.

- No todo el mundo que recibe estos elementos en el contexto de una iglesia es un verdadero cristiano. De esa manera, no todos los que han sido bautizados y participan de esta Cena serán al final salvados. Esta comida en sí misma y por sí misma no nos hace cristianos.
- Nuestro Salvador nos ordena a todos nosotros los que somos cristianos bautizados a participar de esta comida en memoria de él. Por lo tanto, nunca debemos tratar la Cena del Señor como algo trivial. Dicho simplemente, la Cena del Señor es importante, y debemos tomarla en serio. Ella está vinculada a Cristo y su Evangelio. Esta vinculación hace vitalmente importante que todo el que desee ser fiel a Jesús deba participar de esta Cena con gozo y fe.
- Tanto el bautismo como la Cena del Señor están relacionados el uno con la otra como bendiciones y beneficios dados por Cristo a su Iglesia. El bautismo debe administrarse una vez, mientras la Cena del Señor debe administrarse con frecuencia. Estos dos signos alimentan y fortalecen nuestra fe; de este modo ambos siguen siendo importantes para aquellos de nosotros que amamos a Cristo como Señor. Para los Reformadores Protestantes, como ha mostrado este libro, la palabra signo significaba bastante más de lo que significa el término moderno, que trata un signo simplemente como un mero símbolo.
- Los cristianos protestantes reconocen sólo solamente dos sacramentos, u ordenanzas, dados por Cristo a su Iglesia: el bautismo y la Cena del Señor. Ellos rechazarán adiciones a estos dos sacramentos y practicarán sólo estos de una manera que los relacione continuamente al Evangelio de la gracia. También rechazan todas las innovaciones humanas y leyes impuestas sobre los creyentes que estén fuera de la Biblia.

Nuestros hermanos católicos ven siete sacramentos en la Biblia, pero aun la adición de cinco sacramentos no niega el hecho de que católicos y protestantes concuerdan en que el bautismo y la Cena del Señor son signos vitales que Cristo les dio claramente a todo su pueblo. Se puede encontrar un terreno común aceptando que estas ofrendas a Dios están verdaderamente santificadas, mientras que el sacrificio de Cristo por una vez en la cruz es el único sacrificio que nos salva. Existen problemas reales en cómo expresamos esto, especialmente porque tenemos siglos de debates relacionados con estos argumentos, pero una simple interpretación como esa puede al menos servir de marco para un adecuado punto de partida.

- Protestantes y católicos tienen una interpretación considerablemente diferente de la Cena del Señor (y del bautismo), y este desacuerdo es lo suficientemente importante como para justificar nuestro continuo diálogo, así como nuestro desacuerdo, en el amor cristiano. No debemos permitir que debates pretéritos destruyan el prospecto de que el futuro permitirá un entendimiento diferente que se pueda desarrollar sin compromisos. Aunque esto pueda parecer ahora imposible, Dios es capaz de hacer que ocurra «muchísimo más que todo lo que podamos imaginarnos» (Ef 3:20).
- La Cena del Señor no será explicada nunca del todo ni adecuadamente definida de este lado del cielo. Dios ha actuado en Cristo para salvarnos; un acto declarado en su Palabra. Su Espíritu confirma y aplica esta acción a nuestros corazones. ¿Pero cómo explicamos estos grandes misterios de nuestra salvación?

En uno de sus himnos Charles Wesley intentó explicar elocuentemente el misterio de la Cena del Señor:

> *Cómo hizo Él surgir estas criaturas*
> *Y cómo hizo este pan y este vino*
> *Órganos para trasmitir su gracia*
> *A esta pobre alma mía;*
> *No puedo describir la manera,*
> *No necesito conocer el misterio;*
> *Solo esto sé: Que estaba ciego*
> *Y ahora puedo ver.*[1]

Dos autores, un bautista y un anglicano, expresan bien este acuerdo. Ellos llegan a la conclusión que este mismo misterio en la Cena del Señor puede hacer que busquemos una posición más complementaria al final:

> De seguro, en algún lugar a lo largo de este sendero todo el debate en torno a la presencia de Cristo en la Eucaristía con sus hasta ahora contradictorias posiciones puede que se halle que estas se complementan. Si se puede estar de acuerdo en que Cristo no está físicamente presente en el pan y el vino, entonces se podría concordar con optimismo que está presente tanto objetiva como subjetivamente. Él tiene que estar objetivamente presente o ¿cómo podría ser culpable de profanar el cuerpo y la sangre del Señor alguien que come el pan y bebe de la copa del Señor de manera indigna? De la misma manera, aquellos que comen y beben tienen que comer y beber en fe. El Espíritu Santo debe estar activo, haciendo que Cristo esté presente en la Eucaristía, invitando a la adoración, el gozo, y a la acción de gracias de la comunidad que adora. El modo de la presencia de Cristo es mejor que quede indefinido.[2]

Algunos sugerirán que ya se ha explorado en la historia de la Iglesia toda vía posible para hallar un terreno común sobre la Cena del Señor, y que no hay base real para buscar lo que nos divide sin esperanza alguna de un cambio fructífero. Yo discrepo, No deseo sugerir que no estamos separados por nuestras diferencias, como este libro lo demuestra apropiadamente. Pero sí creo que las iglesias no litúrgicas buscan cada vez más la enseñanza bíblica sobre los sacramentos con renovada franqueza, mientras que las tradiciones litúrgicas están contextualmente asumiendo la misión de Cristo de formas completamente nuevas en el mundo moderno. ¿Pudiera ser que los viejos argumentos no fueran suficientes en este mundo nuevo? ¿Pudiera ser que los nuevos contextos misioneros requirieran nuevas expresiones que nos den a conocer lo que Dios hace en el mundo y en la Iglesia?

Habiendo observado la importancia de la Cena del Señor y las muchas maneras en las cuales podemos y debemos concordar sobre su significado, tenemos tristemente que reconocer que los más evangélicos de los protestantes todavía disienten sobre ciertos detalles relativos a la práctica bíblica de la Comunión. El debate que hemos presenciado en este libro demuestra cómo y dónde disentimos. Toda la buena voluntad del mundo no hará coincidir nuestros puntos de vista. Ninguna cantidad de esfuerzo hará que nuestras diferencias se desvanezcan. ¿Qué debemos hacer entonces?

En mis veinte años de pastor descubrí que siempre era algo sabio mantener a una congregación anclada en un común entendimiento de lo que hacíamos junto a la Mesa del Señor. Como comunidad, podríamos alentar más discusiones, y aun mediar en algunas discrepancias entre nosotros, pero no podemos darnos el lujo de practicar diferentes puntos de vista. Esas prácticas nos dividirían y estorbarían el crecimiento de nuestra comunidad. La gente necesitaba que se les enseñara el significado de la Cena del Señor. Necesitaban celebrar la Eucaristía en un espíritu de amor y fraternidad. Una congregación dividida en este punto es una que no será capaz de venir a la mesa como debiera.

Por último, no podemos obviar el hecho de que, aunque no estamos unidos actualmente en nuestros puntos de vista sobre la Cena del Señor, *estamos* unidos en nuestras afirmaciones básicas relativas a los elementos históricos y doctrinales de nuestra fe como se expresa en el Credo de los Apóstoles y el Credo Niceno. En un mundo cada vez más dividido por cuestiones de fe y religión, esta verdad parece más importante que nunca. Aunque tenemos que continuar trabajando en la comprensión de nuestras diferencias relativas a la práctica del bautismo y la Cena del Señor en la iglesia, debemos creer que nuestra búsqueda de una verdadera unidad es ahora más importante que nunca (vea Juan 17).

En la conclusión de su maravillosamente útil libro titulado *Communion: The Meal That Unites?* Donald Bridge y David Phypers sugieren que cualquier comprensión bíblica de la Eucaristía puede reconciliarnos, o por lo menos acercarnos, en tanto que las estrategias tomadas por varias iglesias cristianas con respecto a la Cena del Señor tienen que estar en última instancia conformadas por tres grandes principios; los cuales son un sitio adecuado para terminar esta discusión.

Primero: *una verdadera celebración de la Cena del Señor tiene que evitar cualquier énfasis que no exprese la gracia de Dios.* El concepto católico de «mérito» y el concepto protestante de «digno» han confundido a las personas en este punto. El énfasis en la Cena, si seguimos las Escrituras, debe colocarse sobre la comida como un sacrificio de alabanza y acción de gracias. El propósito de la Comunión no es preservar ninguna tradición particular, sino expresar la gracia de Dios a todo el que de verdad sigue a Jesús como Señor.

Segundo: *una verdadera celebración de la Cena del Señor tiene que manifestar la prioridad de la fe.* El pensamiento sacramental, ya sea protestante o católico, tiene seguramente razón al recordarnos que la generosa acción de Dios precede a la creencia humana. Pero otros también tienen razón al recordarnos que la gracia se hace efectiva en los discípulos cristianos a través del obrar de una fe real. Esta comida no tiene que convertirse en una operación mágica sino más bien en una proclamación de la muerte del Señor hasta que él venga.

Tercero: *una verdadera celebración de la Cena del Señor tiene que constituir una expresión de la Iglesia como el cuerpo de Cristo.* Aquellos que reciben la gracia de Dios son la misma gente que se consagra a sí misma al cuerpo de Cristo, la Iglesia. La Iglesia no es un aditamento de la fe. La Cena del Señor, como se señaló antes, es una *comida eclesial*. Esto no es un negocio individual en el que la gente «hace su propia comunión», sino más bien una actividad corporativa en la que toda la Iglesia celebra la unión con Cristo y cada miembro reconoce su papel en el cuerpo.[3]

Notas: Conclusión: Las dos preguntas más importantes

1. Citado en Donald Bridge and David Phypers: Communion: The Meal That Unites? (Wheaton, Ill.: Shaw, 1981), p. 175.

2. Bridge and Phypers: Communion, p. 176.

3. Estos tres puntos vienen directamente de Bridge and Phypers, Communion, pp. 182-184.

APÉNDICE 1:
DECLARACIONES SOBRE LA CENA DEL SEÑOR EN CREDOS, CONFESIONES Y CATECISMOS

LA *DIDAQUÉ*

Con relación a la Eucaristía, da gracias de esta manera:
Primero sobre la copa:
Te damos gracias, Padre nuestro,
por la santa viña de David tu siervo,
la que nos diste a conocer a nosotros por medio de Jesús, tu siervo.
A Ti la gloria por los siglos.
Luego sobre el trozo de pan:
Te damos gracias, Padre nuestro,
por la vida y el conocimiento,
que nos diste a conocer por medio de Jesús tu siervo.
A Ti la gloria por los siglos.
Como este fragmento estaba disperso sobre los montes,
y reunido se hizo uno,
así sea reunida tu Iglesia
de los confines de la tierra en tu reino.
Porque tuya es la gloria y el poder,
por Jesucristo, por siempre.
Que nadie coma ni beba de vuestra comida de acción de gracias,
sino los bautizados en el nombre del Señor,
pues sobre esto dijo el Señor:
No deis lo que es santo a los perros.
Después de saciaros, [por la comida] da gracias así:
Te damos gracias, Padre Santo,
por tu santo nombre
que hiciste morar en nuestros corazones,

y por el conocimiento, la fe y la inmortalidad
que nos has dado a conocer por medio de Jesús, tu Hijo,
para El sea la gloria por siempre.
Tú, Señor omnipotente, creaste todas las cosas
por causa de tu nombre,
y diste a los hombres alimento y bebida para su disfrute,
para que te dieran gracias.
Mas a nosotros nos hiciste el don de
un alimento y una bebida espiritual y de la vida eterna
por medio de tu Hijo.
Por sobre todo, te agradecemos
que nos puedas salvar;
para El sea la gloria por siempre.
Acuérdate, Señor, de tu Iglesia,
para librarla de todo mal
y hacerla perfecta en tu caridad,
y congrégala desde los cuatro vientos,
santificada, en tu reino
que le has preparado.
Porque tuyo es el poder y la gloria por los siglos.
Has que venga la gracia,
y deja que pase este mundo.
Hosanna al Hijo de David.
 Si alguien es santo, déjalo venir a la Eucaristía;
si no lo es, déjalo que se arrepienta.
Ven Señor ¡[*maranata*]! ¡Amén!

LA CONFESIÓN DE AUGSBURGO (1530; LUTERANA)

Artículo 10

En cuanto a la Santa Cena del Señor, enseñamos que el verdadero cuerpo y la verdadera sangre de Cristo están realmente presentes, distribuidas y recibidas en la Cena bajo las especies del pan y del vino. Rechazamos pues la doctrina contraria.

PEQUEÑO CATECISMO DE LUTERO (1529): CON EXPLICACIONES (ST. LOUIS, MO.: CONCORDIA, 1991)

Sacramento del Altar

1. La Naturaleza del Sacramento del Altar

P. ¿Qué es el Sacramento del Altar?

R. Es el verdadero cuerpo y la verdadera sangre de nuestro Señor Jesucristo bajo el pan y el vino, instituido por Cristo mismo, para que los cristianos lo comamos y bebamos.

P. 285. ¿Qué otros nombres hay para el sacramento del altar?

R. Este sacramento se llama también la Cena del Señor, la Mesa del Señor, Santa Comunión, la Partición del Pan, y la Eucaristía.

P. 286. ¿Quién instituyó el sacramento del altar?

R. Jesucristo, quien es verdadero Dios y verdadero hombre, instituyó este sacramento.

P. 287. ¿Qué nos da Cristo en este sacramento?

R. En este sacramento Cristo nos da su propio cuerpo y sangre verdaderos para el perdón de los pecados.

P. 288. ¿Cómo la Biblia pone en claro que estas palabras de Cristo no son lenguaje figurado?

R. Las palabras de Cristo en el sacramento deben ser tomadas de acuerdo a su significado literal, especialmente porque (1) estas palabras son las palabras de un testamento, y aun la última voluntad y el testamento de una persona ordinaria no se deben cambiar una vez que esa persona ha muerto; (2) La Palabra de Dios claramente enseña que en el sacramento el pan y el vino son una comunión o participación en el cuerpo y la sangre de Cristo; (3) La Palabra de Dios claramente enseña que aquellos que hagan un mal uso del sacramento pecan, no contra el pan y el vino, sino contra el cuerpo y la sangre de Cristo.

P. 289. ¿Cuáles son los elementos visibles en el sacramento?

R. Los elementos visibles son el pan y el vino.

P. 290. ¿Reemplazan el cuerpo y la sangre de Cristo en el sacramento el pan y el vino, de manera que el pan y el vino ya no están allí?

R. No, el pan y el vino permanecen en el sacramento.

P. 291. ¿Entonces cómo son el pan y el vino en el sacramento el cuerpo y la sangre de Cristo?

R. El pan y el vino en el sacramento son el cuerpo y la sangre de Cristo por medio de la unión sacramental. Por el poder de su palabra, Cristo da su cuerpo y sangre en, con, y bajo el pan (consagrado) y el vino.

P. 292. ¿Reciben todos los comulgantes el cuerpo y la sangre de Cristo en el sacramento, ya sea que crean o no?
R. Sí, porque el sacramento depende de la palabra de Cristo, no de nuestra fe.
P. 293. ¿Se sacrifican de nuevo a Dios en el sacramento el cuerpo y la sangre de Cristo por los pecados de los vivos y los muertos?
R. No, el cuerpo y la sangre de Cristo en el sacramento son el único perfecto sacrificio ofrecido a Dios de una vez por todas sobre la cruz y ahora se nos distribuyen en el sacramento junto con todas las bendiciones y beneficios que este sacrificio ha ganado para nosotros.

Nota: Hablamos del «sacramento del altar» porque un altar es un lugar de sacrificio. Jesús sacrificó su cuerpo y sangre sobre la cruz por los pecados del mundo de una vez por todas. En el sacramento del altar, él distribuye este mismo cuerpo y sangre hasta el fin de los tiempos.

P. 294. ¿Qué ordena Cristo cuando dice: «Hagan esto en memoria de mí»?
R. Cristo ordena en estas palabras que su sacramento se celebre en la iglesia hasta el fin de los tiempos como una viva proclamación y distribución de su muerte salvadora en todas sus bendiciones.
P. 295. ¿Por qué debemos recibir a menudo el Sacramento?
R. Debemos recibir el sacramento a menudo porque (1) Cristo nos ordena, o nos invita con urgencia, diciendo: «Hagan esto en memoria de mí»; (2) sus palabras: «Dado y derramada por ustedes para el perdón de los pecados» nos prometen y ofrecen grandes bendiciones; (3) necesitamos el perdón para nuestros pecados y la fortaleza para una vida nueva y santa.

Nota: En el Nuevo Testamento, el sacramento era una actividad regular y principal de la adoración congregacional, no un extra ocasional (Hechos 2:42; 20:7; 1 Corintios 11:20, 33). En tiempos de la Reforma nuestras iglesias celebraban el sacramento «cada domingo y en otras festividades» (Apología XXIV 1).

2. El beneficio del Sacramento del Altar
P. ¿Cuál es el beneficio de esta comida y bebida?
R. Los beneficios los indican estas palabras: «por vosotros dado» y «por vosotros derramada para perdón de los pecados». Es decir, por estas palabras se nos da en el Sacramento perdón de pecados, vida y salvación. Porque donde hay perdón de pecados, hay también vida y salvación.
P. 296 ¿Cuál es el beneficio del sacramento ofrecido en este sacramento?

R. (1) El beneficio principal del sacramento es el perdón de los pecados que el cuerpo y la sangre de Cristo han ganado para nosotros sobre la cruz. (La Cena del Señor es un medio de gracia.) (2) Junto con el perdón, Dios da todas las otras bendiciones también, esto es, «vida y salvación». (3) En el sacramento Cristo da la victoria sobre el pecado y el infierno y fortaleza para la nueva vida en él. (4) Cuando los cristianos participan juntos de este sacramento, hacen solemne confesión pública de Cristo y de unidad en la verdad de su evangelio.

3. El poder del Sacramento del Altar

P. ¿Cómo puede el comer y beber corporal hacer una cosa tan grande?

R. Ciertamente, el comer y beber no es lo que la hace, sino las palabras que están aquí escritas: «Por vosotros dado» y «por vosotros derramada para perdón de los pecados». Estas palabras son, junto con el comer y beber corporal, lo principal en el sacramento. Y el que cree dichas palabras, tiene lo que ellas dicen y expresan; esto es: «el perdón de los pecados».

P. 297. ¿Cómo se puede obtener el perdón, la vida y la salvación a través del comer y el beber corporal?

R. No simplemente el comer y el beber, sino las palabras de Cristo junto con su cuerpo y su sangre bajo el pan y el vino son el camino a través del cuál se dan estas bendiciones. Las palabras de la promesa de Cristo han puesto estos dones en el sacramento, y los creyentes las reciben allí a través de la fe.

P. 298. ¿Todo el mundo que coma y tome el sacramento recibe también el perdón, la vida y la salvación?

R. Perdón, vida, y salvación se ofrecen verdaderamente a todos quienes comen el cuerpo y beben la sangre del Señor en el sacramento, pero sólo por medio de la fe podemos recibir las bendiciones ofrecidos allí.

4. ¿Cómo recibir este Sacramento dignamente?

P. ¿Quién recibe este Sacramento dignamente?

R. El ayunar y prepararse corporalmente es, por cierto, una buena disciplina externa; pero verdaderamente digno y bien preparado es aquel que tiene fe en las palabras: «por vosotros dado» y «por vosotros derramada para perdón de los pecados». Mas el que no cree estas palabras o duda de ellas, no es digno, ni está preparado; porque las palabras «por vosotros» exigen corazones enteramente creyentes.

P. 299 ¿Por qué es importante recibir dignamente este sacra-mento?

R. Esto es muy importante porque San Pablo enseña claramente: «Cualquiera que coma del Señor de manera indigna, será culpable de pecar contra el cuerpo y la sangre del Señor. Así que cada uno debe examinarse a sí mismo antes de comer el pan y beber la copa. Porque el que come y bebe sin discernir el cuerpo, come y bebe su propia condena» (1 Co 11:27-29).

P. 300. ¿Es necesario ayunar antes de recibir el sacramento?

R. El ayuno puede ser un buen entrenamiento para la voluntad, pero Dios no ordena momentos, lugares ni formas particulares para esto.

P. 301. ¿Cuándo recibimos el sacramento dignamente?

R. Lo recibimos dignamente cuando tenemos fe en Cristo y sus palabras: «por vosotros dado» y «por vosotros derramada para perdón de los pecados».

P. 302. ¿Cuándo una persona es indigna o no está preparada?

R. Un persona es indigna o no está preparada cuando él o ella no cree o duda de las palabras de Cristo, porque las palabras «por vosotros» exigen corazones enteramente creyentes.

P. 303. ¿Cómo debemos examinarnos a nosotros mismos antes de recibir el sacramento?

R. Debemos examinarnos a nosotros mismos para ver si (1) estamos apenados por nuestros pecados; (2) creemos en nuestro Salvador Jesucristo y en sus palabras en el sacramento; (3) planeamos, con la ayuda del Espíritu Santo, cambiar nuestras vidas pecaminosas.

P. 304. ¿Deben venir a la Mesa del Señor aquellos que son débiles en la fe?

R. Sí, porque Cristo instituyó el sacramento precisamente para fortalecer y aumentar nuestra fe.

P. 305. ¿A quiénes no se les debe dar el sacramento?

R. No se le debe dar el sacramento a los siguientes: (1) a aquellos que son abiertamente impíos y no están arrepentidos, incluyendo a aquellos que toman parte en cultos religiosos no cristianos; (2) a aquellos que no quieren perdonar, y rehúsan reconciliarse. Así muestran que no creen realmente que Dios los perdona a ellos tampoco; (3) a aquellos de una confesión de fe diferente, pues la Cena del Señor es un testimonio de unidad de fe; (4) a aquellos que no son capaces de examinarse a sí mismos, tales como los infantes, personas que no hayan recibido una instrucción apropiada, o los inconscientes.

Nota: Los pastores y mayordomos de los misterios de Dios (1 Co 4:1) tienen una gran responsabilidad sobre quién debe ser admitido al sacramento. Algo de la responsabilidad también descansa sobre la congregación y el comulgante.

P. 306. ¿Qué es la confirmación?

R. La confirmación es una ceremonia pública de la Iglesia prece-dida por un período de instrucción destinado a ayudar al cristiano bautizado a identificarse con la vida y misión de la comunidad cristiana.

Nota: Antes de la admisión a la Cena del Señor, es necesario ser instruido en la fe cristiana (1 Co 11:28). La ceremonia de la confirmación provee una oportunidad para el cristiano individual, que descansa en la promesa de Dios dada en el santo bautismo, para hacer una confesión personal pública de fe y una promesa de fidelidad de por vida a Cristo.

LA CONFESIÓN FRANCESA DE FE (1559; PREPARADA POR JUAN CALVINO)

Artículo XXXVI

Confesamos que la Cena del Señor, que es el segundo sacramento, es un testigo de la unión que tenemos con Cristo, puesto que él no solo murió y resucitó por nosotros una vez, sino que también nos alimenta y nutre verdaderamente con su carne y su sangre, de manera que seamos uno en él, y que nuestra vida pueda ser común. Aunque que el está en el cielo hasta que venga a juzgar toda la tierra, todavía creemos que por el secreto e incomprensible poder de su Espíritu él nos alimenta y fortalece con la substancia de su cuerpo y su sangre. Sostenemos que esto se hace espiritualmente, no porque ponemos imaginación y fantasía en el lugar de la verdad y el hecho, sino a causa de que la grandeza de este misterio excede la medida de nuestros sentidos y las leyes de la naturaleza. En breve, porque esto es celestial, solo puede ser aprehendido por fe.

LA CONFESIÓN BELGA (1561; REFORMADA)

Artículo XXXV: La Santa Cena de Nuestro Señor Jesucristo

Creemos y confesamos que nuestro Salvador Jesucristo instituyó y sancionó el sacramento de la Santa Cena, para nutrir y apoyar a los que él ya ha regenerado e incorporado en su familia, que es su Iglesia. Ahora los que se han regenerado tienen en ellos una doble vida, la una corporal y temporal, que tienen desde el primer nacimiento, y es común a todos los hombres; la otra espiritual y celestial, que se da en su segundo nacimiento, el cual es efectuado por la palabra del evangelio, en la comunión del cuerpo de Cristo; y esta vida no es común, sino que es propia de los elegidos de Dios. De la misma manera Dios nos ha dado, para el sostenimiento de la integridad física y la vida terrenal, el pan ordinario terrenal, que está sometida a ella, y que es común a todos los hombres, incluso como la vida misma. Pero para que el apoyo de la vida espiritual y celestial que tienen los creyentes, él ha enviado un pan vivo que descendió del cielo, es decir, Jesucristo, quien nutre y fortalece la vida espiritual de los creyentes cuando lo comen, es decir, cuando se apropian de él y lo reciben por la fe, en el Espíritu. A fin de que Cristo pueda representar dentro de nosotros este pan celestial y espiritual, él ha instituido un pan terrenal y visible como un sacramento de su cuerpo, y el vino como un sacramento de su sangre, para testificar por medio de ellos que, tan ciertamente como recibimos y sostenemos este sacramento en nuestras manos y comemos y bebemos los mismos con nuestras bocas, por los cuales nuestra vida se alimenta después, también lo hacemos al recibir ciertamente por la fe (que es la mano y la boca de nuestra alma) el verdadero cuerpo y sangre de Cristo, nuestro único Salvador de nuestras almas, para el sostén de nuestra vida espiritual.

Ahora, como es cierto y más allá de toda duda que Jesucristo no nos exhorta a la utilización de sus sacramentos en vano, así también actúa en nosotros todo lo que él representa para nosotros por estos santos signos, aunque la manera supera nuestra comprensión, y no puede ser comprendida por nosotros, como las operaciones del Espíritu Santo son ocultas e incomprensibles. Entre tanto, no erramos cuando decimos que lo que es comido y bebido por nosotros es el propio cuerpo natural, y la propia sangre de Cristo. Pero la forma de nuestra participación de las mismas no es por la boca, sino por el Espíritu a través de la fe. Así, entonces, aunque Cristo siempre se sienta a la diestra de su Padre en los cielos, y sin embargo él no cesa en consecuencia de hacernos partícipes de la fe por sí mismo. Esta fiesta es una mesa espiritual, en la que Cristo se comunica a sí mismo con todos sus beneficios para nosotros, y nos da allí a la vez el disfrute de sí mismo y los méritos de sus padecimientos, fortaleciendo, y reconfortando nuestras pobres almas inconsolables al alimentarnos de su carne, refrescándolas y aligerándolas por el beber de su sangre.

Además, aunque los sacramentos están relacionados con la cosa significada, sin embargo, todos los hombres no reciben los dos; el impío recibe de hecho el sacramento de su condenación, pero él no recibe la verdad del sacramento, como Judas y Simón el Mago, que ambos recibieron de hecho el sacramento, pero no a Cristo, que fue manifestado por este, del cual sólo los creyentes se hacen partícipes.

Por último, recibimos este santo sacramento en la asamblea del pueblo de Dios, con humildad y reverencia, manteniendo entre nosotros un santo recuerdo de la muerte de Cristo nuestro Salvador, con acción de gracias, haciendo allí confesión de nuestra fe y de la religión cristiana. Por lo tanto nadie debe venir a esta mesa sin haberse examinado a cabalidad previamente a si mismo, no sea que por comer de este pan y beber de esta copa, coma y beba juicio para sí mismo. En una palabra, que nos mueva el uso de este santo sacramento a un ferviente amor hacia Dios y nuestro prójimo.

Por lo tanto, rechazamos todas las mezclas y condenables invenciones que los hombres han añadido y han mezclado con los sacramentos, como profanaciones de ellos; y afirmamos que debemos descansar satisfechos con la ordenanza que Cristo y sus apóstoles nos han enseñado, y que debemos hablar de ellos de la misma manera en que ellos han hablado.

LA SEGUNDA CONFESIÓN DE FE HELVÉTICA (1566; REFORMADA; PREPARADA POR HEINRICH BULLINGER)

Capítulo XIX: Sobre los Sacramentos de la Iglesia de Cristo

Lo principal que en todos los sacramentos es por Dios ofrecido y esperado por los piadosos de todos los tiempos (algunos lo llaman «la sustancia» y otros «la especie» de los sacramentos) es el Salvador Jesucristo, el único sacrificio, el único cordero de Dios, degollado antes de la fundación del mundo, la única roca de la que todos nuestros antepasados bebieron, el único por el cual todos los elegidos están circuncidados con la circuncisión no realizada por manos de hombre, sino por el Espíritu Santo, por el cual son lavados y limpiados de sus pecados y alimentados para vida eterna con el verdadero cuerpo y la verdadera sangre de Cristo.

LA CONFESIÓN DE FE DE WESTMINSTER (1646; PRESBITERIANA)

Capítulo XXVII: De los Sacramentos

Los Sacramentos son signos y sellos santos del pacto de gracia, instituidos directamente por Dios, para simbolizar a Cristo y a sus beneficios y para confirmar nuestro interés en él, y también para hacer una distinción visible de aquellos que pertenecen a la Iglesia y los que son del mundo, y para obligar solemnemente a aquellos al servicio de Dios en Cristo conforme a su Palabra.

En todo sacramento hay una relación espiritual o unión sacramental entre el signo y la cosa significada, de donde resulta que los nombres y efectos del uno se atribuyen al otro.

La gracia que se exhibe en los sacramentos por el uso de ellos, no se confiere por ninguna virtud que resida en ellos, ni depende su eficacia de la piedad o intención del que los administra, sino de la obra del Espíritu, y de las palabras de la institución que contiene con el precepto que autoriza el uno de ellos, una promesa de bendición para los que los reciben dignamente.

En el Evangelio no hay sino dos sacramentos instituidos por Cristo nuestro Señor, que son el Bautismo y la Cena del Señor; ninguno de los cuales debe administrarse sino por un ministro de la palabra legalmente ordenado.

Los sacramentos del Antiguo Testamento, en cuanto a las cosas espirituales significadas y manifestadas por ellos, fueron en sustancia los mismos del Nuevo.

Capítulo XXIX: La Cena del Señor

Nuestro Señor Jesús, la noche que fue entregado, instituyó el sacramento de su cuerpo y de su sangre llamado la Cena del Señor, para que fuese observado en su Iglesia hasta el fin del mundo, para recuerdo perpetuo del sacrificio de sí mismo en su muerte, para sellar en los verdaderos creyentes los beneficios de ella, para el nutrimento espiritual y crecimiento de ellos en Él, para que se empeñen en el cumplimiento de todos los deberes que tienen con Cristo, y para que sea un lazo y una prenda de su cuerpo místico.

En este sacramento no es ofrecido Cristo a su Padre, ni se hace ningún sacrificio verdadero por la remisión de los pecados de los vivos, ni de los muertos, sino que solo es una conmemoración de cuando Cristo se ofreció a sí mismo y por sí mismo en la cruz una sola vez para siempre, una oblación espiritual de todos loor posible a Dios por lo mismo. Así que el sacrificio papal de la misa, como ellos le llaman, menoscaba de una manera abominable al sacrificio de Cristo por una sola vez, única propiciación por todos los pecados de los elegidos.

El Señor Jesús ha determinado en esta ordenanza que sus ministros declaren al pueblo las palabras de la institución, que oren y bendigan los elementos del pan y del vino, apartándolos así del uso común para el servicio sagrado, que tomando y rompiendo el pan, y bebiendo de la copa (comulgando ellos mismos), dieran de los dos elementos a los creyentes, menos a los que no estuvieran presentes en la congregación.

Las misas privadas o la recepción de este sacramento de la mano de un sacerdote o por algún otro cuando se está solo; el negar la copa al pueblo, adorar los elementos, el elevarlos o llevarlos de un lugar a otro para adorarlos y guardarlos para pretendidos usos religiosos, es contrario a la naturaleza de este sacramento y a su institución por Cristo.

Los elementos exteriores de este sacramento, debidamente apartados para los usos ordenados por Cristo, sostienen tales relaciones con el crucificado, que verdadera pero solo sacramentalmente se llaman algunas veces por el nombre de las cosas que representan, a saber, el cuerpo y la sangre de Cristo; mas aun así, en sustancia y en naturaleza, ellos permanecen verdaderamente y solamente pan y vino como eran antes.

La doctrina que sostiene que la sustancia del pan y del vino se transforma en la sustancia del cuerpo y de la sangre de Cristo, (llamada comúnmente transubstanciación), por la consagración de un sacerdote o de algún otro modo, es contraria no solo a la Escritura, sino también a la razón y al sentido común, destruye la naturaleza del sacramento, ha sido y es la causa de muchísimas supersticiones, y además de una idolatría grosera.

Los que reciben dignamente este sacramento y participan de un modo exterior de los elementos visibles, participan también interiormente por la fe, de una manera real y verdadera, pero no carnal ni corporalmente, sino de un modo espiritual, reciben y se alimentan de Cristo crucificado y de todos los beneficios de su muerte. El cuerpo y la sangre de Cristo no están carnal ni corporalmente en, con o bajo el pan y el vino; sin embargo, están real pero espiritualmente presentes a la fe del creyente en aquella ordenanza, tanto como los elementos a los sentidos corporales.

Aun cuando los ignorantes y malvados reciban los elementos exteriores de este sacramento, sin embargo, no reciben la cosa significada por ellos, sino que por su indignidad vienen a ser culpables del cuerpo y de la sangre del Señor para su propia condenación. Entonces todas las personas ignorantes e impías que no son capaces de gozar de comunión con él son indignas de acercarse a la mesa del Señor, y mientras permanezcan en ese estado, no pueden, sin cometer un gran pecado contra Cristo, participar de estos sagrados misterios, ni deben ser admitidas a ellos.

LA CONFESIÓN DE LOS VALDENSES (1655; DE LOS CALVINISTAS DE ITALIA)

Artículo XXX

Que Cristo ha instituido la Santa Cena, o Eucaristía, para la nutrición de nuestras almas, para el fin de que ese comer eficaz de la carne de Cristo, y el beber eficaz de su sangre, a través de una fe viva y verdadera, y por la incomprensible virtud del Espíritu Santo, uniéndonos así más cerca e inseparablemente a Cristo, vengamos a disfrutar en él y por él la vida espiritual y eterna.

Ahora a fin de que cada cual pueda ver con mayor claridad lo que es nuestra creencia en este punto, insertamos aquí las verdaderas expresiones de esa oración que utilizamos antes de la Comunión, como están escritas en nuestra Liturgia o forma de celebrar la Santa Cena, y de la mismo manera en nuestro Catecismo público, que se puede ver al final de los Salmos; estas son las palabras de la oración:

Al ver que nuestro Señor no sólo ha ofrecido por una vez su cuerpo y sangre para la remisión de nuestros pecados, sino que está dispuesto a comunicarnos los mismos como la comida de vida eterna, imploramos humildemente que nos conceda esta gracia que con un corazón verdaderamente sincero y con un ardiente celo podamos recibir de él tan gran beneficio; esto es, que podamos ser copartícipes de su cuerpo y su sangre, o más bien de todo su ser, por medio de una fe cierta y segura.

Las palabras de la Liturgia son estas:

Creamos primero que todo las promesas que Cristo (quien es la verdad infalible) ha pronunciado con su propia boca, a saber, que él nos hará verdaderamente copartícipes de su cuerpo y su sangre, de que así podremos poseerlo enteramente, de tal manera que el viva en nosotros y nosotros en él.

LOS TREINTA Y NUEVE ARTÍCULOS (1563; ANGLICANOS)

Articulo XXVIII: De la Cena del Señor

La Cena del Señor no es solamente signo del amor mutuo de los cristianos entre sí; sino más bien un sacramento de nuestra redención por la muerte de Cristo; de modo que para los que recta, dignamente y con fe la reciben, el pan que partimos es participación en el Cuerpo de Cristo; y del mismo modo la copa de bendición es participación de la sangre de Cristo.

La transubstanciación (o el cambio de la substancia del pan y del vino), en la Cena del Señor, no puede probarse por las Santas Escrituras; antes bien repugna a las palabras terminantes de los Libros Sagrados, trastorna la naturaleza del sacramento, y ha dado ocasión a muchas supersticiones.

El cuerpo de Cristo se da, se toma, y se come en la Cena de un modo celestial y espiritual únicamente; y el medio por el cual el cuerpo de Cristo se recibe y se come en la Cena, es la fe. El sacramento de la Cena del Señor ni se reservaba, ni se llevaba en procesión, ni se elevaba, ni se adoraba, en virtud de mandamiento de Cristo.

EL CATECISMO DE HEIDELBERG
(1563; REFORMADO; PREPARADO POR
ZACARÍAS URSINOS Y GASPAR OLEVIANOS)

Día del Señor 25: Los Sacramentos

P. 65. Si sólo la fe nos hace participantes de Cristo y de todos sus beneficios, dime, ¿de dónde procede esta fe?

R. Del Espíritu Santo que la hace obrar por la predicación del Santo Evangelio, encendiendo nuestros corazones, y confirmándola por el uso de los sacramentos.

P. 66: ¿Qué son los sacramentos?

R. Son señales sagradas y visibles, y sellos instituidos por Dios, para sernos declarada mejor y sellada por ellos la promesa del Evangelio; a saber, que la remisión de los pecados y la vida eterna, por aquel único sacrificio de Cristo cumplido en la cruz, se nos da de gracia no solamente a todos los creyentes en general, sino también a cada uno en particular.

P. 67. Entonces la palabra y los sacramentos ¿tienen como fin llevar nuestra fe al sacrificio de Cristo cumplido en la cruz, como el único fundamento de nuestra salvación?

R. Así es, porque el Espíritu Santo nos enseña por el Evangelio y confirma por los sacramentos, que toda nuestra salud está puesta en el único sacrificio de Cristo ofrecido por nosotros en la cruz.

P. 68. ¿Cuántos sacramentos ha instituido Cristo en el Nuevo Testamento?

R. Dos: El Santo Bautismo y la Santa Cena.

Día del Señor 28: La Cena del Señor

P. 75. ¿Cómo te asegura y confirma la Santa Cena que eres hecho participante de aquel único sacrificio de Cristo, ofrecido en la cruz, y de todos sus bienes?

R. Porque Cristo me ha mandado, y también a todos los fieles, comer de este pan partido y beber de esta copa en memoria suya, añadiendo esta promesa (a): Primero, que su cuerpo ha sido ofrecido y sacrificado por mí en la cruz, y su sangre derramada por mis pecados, tan cierto como que veo con mis ojos que el pan del Señor es partido para mí y que me es ofrecida la copa. Y segundo, que él tan cierto alimenta mi alma para la vida eterna con su cuerpo crucificado y con su sangre derramada, como yo recibo con la boca corporal de la mano del ministro el pan y el vino, símbolos del cuerpo y de la sangre del Señor.

P. 76. ¿Qué significa comer el cuerpo sacrificado de Cristo y beber su sangre derramada?

R. Significa no sólo abrazar con firme confianza del alma toda la pasión y muerte de Cristo, y por este medio alcanzar la remisión de pecados y la vida eterna, sino unirse más y más a su santísimo cuerpo por el Espíritu Santo, el cual habita juntamente en Cristo y en nosotros de tal manera, que, aunque él esté en el cielo y nosotros en la tierra, todavía somos carne de su carne y huesos de sus huesos, y que, de un mismo espíritu, (como todos los miembros del cuerpo por una sola alma) somos vivificados y gobernados para siempre .

P. 77. ¿Dónde prometió Cristo nutrir y refrescar a los creyentes con su cuerpo y su sangre cuando coman este pan partido y beban de esta copa?

R. En la institución de la cena del Señor: «Nuestro Señor Jesucristo, la noche que fue entregado, tomó el pan, y habiendo dado gracias, lo partió y dijo: Tomad, comed, esto es mi cuerpo que por vosotros es partido; haced en memoria de mí. Asimismo tomó también la copa, después de haber cenado, diciendo: Esta copa es el nuevo pacto en mi sangre; haced esto todas las veces que la bebiereis, en memoria de mí. Así, pues, todas las veces que comiereis este pan y bebiereis esta copa, la muerte del Señor anunciáis hasta que él venga».

Pablo repite esta promesa cuando dice: «La copa de bendición, que bendecimos, ¿no es la comunión de la sangre de Cristo?, El pan que partimos, ¿no es la comunión del cuerpo de Cristo? Siendo uno solo el pan, nosotros, con ser muchos, somos un cuerpo: pues todos participamos de aquel mismo pan».

P. 78. ¿El pan y el vino se convierten sustancialmente en el mismo cuerpo y sangre de Cristo?

R. De ninguna manera, pues como el agua del bautismo no se convierte en la sangre de Cristo, ni es la misma ablución de los pecados, sino solamente una señal y sello de aquellas cosas que nos son selladas en el bautismo, así el pan de la Cena del Señor no es el mismo cuerpo, aunque por la naturaleza y uso de los sacramentos es llamado el cuerpo de Cristo.

P. 79. ¿Por qué llama Cristo al pan su cuerpo y a la copa su sangre, o el Nuevo Testamento en su sangre, y Pablo al pan y al vino la comunión con el cuerpo y la sangre de Cristo?

R. Cristo no habla así sin una razón poderosa, y no solamente para enseñarnos que, así como el pan y el vino sustentan la vida corporal, su cuerpo crucificado y su sangre derramada son la verdadera comida y bebida, que alimentan nuestras almas para la vida eterna, más aún, para asegurarnos por estas señales y sellos visibles, que por obra del

Espíritu Santo somos participantes de su cuerpo y sangre tan cierto como que tomamos estos sagrados símbolos en su memoria y por la boca del cuerpo; y también que su pasión y obediencia son tan ciertamente nuestras ,como si nosotros mismos en nuestras personas hubiéramos sufrido la pena y satisfecho a Dios por nuestros pecados.

P. 80. ¿Qué diferencia hay entre la Cena del Señor y la misa católica romana?

R. La Cena del Señor nos testifica que tenemos remisión perfecta de todos nuestros pecados por el sacrificio único de Cristo, que El mismo cumplió en la cruz de una vez por todas; y también que por el Espíritu Santo, estamos incorporados a Cristo, el cual no está ahora en la tierra según su naturaleza humana, sino en los cielos a la diestra de Dios, su padre, donde quiere ser adorado por nosotros.

[Pero la misa enseña que los vivos y los muertos no tienen la remisión de los pecados por la sola pasión de Cristo, a no ser que cada día Cristo sea ofrecido por ellos por mano de los sacerdotes; enseña también que Cristo está corporalmente en las especies de pan y de vino, y por tanto ha de ser adorado en ellas. Por lo tanto, el fundamento propio de la misa no es otra cosa que una negación del sacrificio único y la pasión de Jesucristo y una idolatría condenable.]

Nota: Esta pregunta se omitió en la primera edición del catecismo. La sección entre corchetes se añadió en la tercera edición.

En 2006 la Iglesia Cristiana Reformada declaró que la pregunta y la respuesta 80 no podían sostenerse más en su forma actual como parte de esta confesión. Aunque esta sección permanece en el texto, se le sitúa entre corchetes para indicar que no refleja exactamente la enseñanza y la práctica oficiales de la Iglesia Católica Romana de hoy y ya no es confesionalmente vinculante para los miembros de la Iglesia Cristiana Reformada.

P. 81. ¿Quiénes son los que deben participar de la mesa del Señor?

R. Tan sólo aquellos que se duelan verdaderamente de haber ofendido a Dios con sus pecados, confiando en ser perdonados por el amor de Cristo y que las demás flaquezas quedarán cubiertas con su pasión y muerte. Y que también deseen fortalecer más y más su fe y mejorar su vida. Pero los hipócritas y los que no se arrepienten de verdad, comen y beben su condenación.

P. 82. ¿Deben admitirse también a esta Cena los que por su confesión y vida se declaren infieles e impíos?

R. No, porque así se profana el pacto de Dios, y se provoca su ira sobre toda la congregación. Por lo cual, la Iglesia debe, según la orden de Cristo y de sus apóstoles (usando de las llaves del reino de los cielos), excomulgar y privar a los tales de la Cena, hasta que se arrepientan y rectifiquen su vida.

LA CONFESIÓN DE DORDRECHT
(1632; MENONITA)

Artículo X

Creemos y observamos también el partimiento de pan, o sea la Santa Cena que el Señor instituyó con el pan y la copa antes de sufrir, y que observó él mismo con sus apóstoles, recomendando que fuera observada por los creyentes en conmemoración de los sufrimientos y la muerte del Señor (es decir el partimiento de su digno cuerpo y el derramamiento de su preciosa sangre) para la raza humana entera. El propósito de este sacramento es hacernos recordar el beneficio de los sufrimientos y la muerte de Cristo, a saber, la redención y eterna salvación (la cual compró él mediante su muerte), y el gran amor mostrado al hombre pecador. Por lo cual se nos exhorta amar los unos a los otros, cada cual a su prójimo, y perdonar y absolverlos así como Cristo ha hecho por nosotros. También hemos de procurar mantener y guardar vivas la unión y comunión que tenemos con Dios y los unos con los otros, lo cual representa el partimiento del pan.

LA CONFESIÓN DE FE DE NEW HAMPSHIRE
(1833; BAUTISTA)

Artículo XIV: Del Bautismo y la Santa Cena

Creemos que el bautismo cristiano es la inmersión en agua, de un creyente, hecha en el nombre del Padre, y del Hijo, y del Espíritu Santo; a fin de proclamar, mediante bello emblema solemne, esta fe en el Salvador crucificado, sepultado y resucitado, y también el efecto de la misma fe, a saber, nuestra muerte al pecado y resurrección a una vida nueva; y que el bautismo es requisito previo a los privilegios de la relación con la iglesia y a la participación en la Santa Cena, en la cual los miembros de la iglesia por el uso sagrado del pan y el vino conmemoran juntos el amor por el que muere Jesucristo; precedido siempre de un examen personal serio del participante.

ARTÍCULOS DE RELIGIÓN METODISTAS (1784)

Artículo XVIII: De la Cena del Señor

La Cena del Señor no sólo es signo del amor que los cristianos deben profesarse unos a otros, sino más bien el sacramento de nuestra redención por la muerte de Cristo; de modo que quienes reciban de manera correcta, digna y con fe el pan que rompemos es copartícipe del cuerpo de Cristo; y quien reciba da la misma manera la copa de bendición es un copartícipe de la sangre de Cristo.

La transubstanciación, o el cambio de la sustancia del pan y el vino en la Cena del Señor, no se puede probar por medio de los Sagrados Escritos, sino que es algo repugnante ante las simples palabras de la Escritura, subvierte la naturaleza del sacramento, y ha dado lugar a muchas supersticiones.

El cuerpo de Cristo es dado, tomado y comido en la Cena solo de una manera celestial y espiritual. Y el medio por el cual se recibe y come el cuerpo de Cristo en la Cena es la fe.

Cristo no ordenó que el sacramento de la Cena del Señor fuera hecho en privado, llevado de un lugar a otro, elevado ni adorado.

Artículo XIX: De ambos elementos

La copa del Señor no se debe negar a los laicos; porque ambos elementos de la Cena del Señor, por ordenanza y mandato de Cristo, se deben administrar a todos los cristianos por igual.

EL CONCILIO DE TRENTO (CATÓLICO ROMANO

Sección 13, Capítulo 14: Sobre la Transubstanciación

Porque Cristo, nuestro Redentor, dijo que lo que ofrecía bajo la especie de pan era verdaderamente su Cuerpo, se ha mantenido siempre en la Iglesia esta convicción, que declara de nuevo el Santo Concilio: por la consagración del pan y del vino se opera el cambio de toda la substancia del pan en la substancia del Cuerpo de Cristo nuestro Señor y de toda la substancia del vino en la substancia de su sangre; la Iglesia Católica ha llamado justa y apropiadamente a este cambio «transubstanciación»

EL CATECISMO DE LA IGLESIA CATÓLICA (1994)

Parte 2, Sección 2, Artículo 3:
El Sacramento de la Eucaristía

1322 La Santa Eucaristía culmina la iniciación cristiana. Los que han sido elevados a la dignidad del sacerdocio real por el Bautismo y configurados más profundamente con Cristo por la Confirmación, participan por medio de la Eucaristía con toda la comunidad en el sacrificio mismo del Señor.

1323 «Nuestro Salvador, en la última Cena, la noche en que fue entregado, instituyó el sacrificio eucarístico de su cuerpo y su sangre para perpetuar por los siglos, hasta su vuelta, el sacrificio de la cruz y confiar así a su Esposa amada, la Iglesia, el recordatorio de su muerte y resurrección, sacramento de piedad, signo de unidad, vínculo de amor, un banquete pascual "en el que se recibe a Cristo, el alma se llena de gracia y se nos da una prenda de la gloria futura"».

1324 La Eucaristía es «fuente y cima de toda la vida cristiana». «Los demás sacramentos, como también todos los ministerios eclesiales y las obras de apostolado, están unidos a la Eucaristía y a ella se ordenan. La santa Eucaristía, en efecto, contiene todo el bien espiritual de la Iglesia, es decir, Cristo mismo, nuestra Pascua».

1325 «La Eucaristía significa y realiza la comunión de vida con Dios y la unidad del Pueblo de Dios por las que la Iglesia es ella misma. En ella se encuentra a la vez la cumbre de la acción por la que, en Cristo, Dios santifica al mundo, y del culto que en el Espíritu Santo los hombres dan a Cristo y por él al Padre».

1326 Finalmente, la celebración eucarística nos unimos ya a la liturgia del cielo y anticipamos la vida eterna cuando Dios será todo en todos.

1327 En resumen, la Eucaristía es el compendio y la suma de nuestra fe: «Nuestra manera de pensar armoniza con la Eucaristía, y a su vez la Eucaristía confirma nuestra manera de pensar»

1333 En el centro de la celebración de la Eucaristía se encuentran el pan y el vino que, por las palabras de Cristo y por la invocación del Espíritu Santo, se convierten en el cuerpo y la sangre de Cristo. Fiel a la orden del Señor, la Iglesia continúa haciendo, en memoria de él, hasta su retorno glorioso, lo que él hizo la víspera de su pasión: «Tomó pan...», «tomó el cáliz lleno de vino...». Al convertirse misteriosamente en el cuerpo y la sangre de Cristo, los signos del pan y del vino siguen significando también la bondad de la creación. Así, en el ofertorio, damos gracias al Creador por el pan y el vino, fruto «del trabajo del hombre», pero antes, «fruto de la tierra» y «de la vid», dones del Creador. La Iglesia ve en en el gesto de Melquisedec, rey y sacerdote, que «ofreció pan y vino», una prefiguración de su propia ofrenda.

1367 El sacrificio de Cristo y el sacrificio de la Eucaristía son, pues, un único sacrificio: «Es una y la misma víctima, que se ofrece ahora por el ministerio de los sacerdotes, que se ofreció a sí misma entonces sobre la cruz. Sólo difiere la manera de ofrecer». «Y puesto que en este divino sacrificio que se realiza en la Misa, se contiene e inmola incruentamente el mismo Cristo que en el altar de la cruz «se ofreció a sí mismo una vez de modo cruento»; este sacrificio [es] verdaderamente propiciatorio».

1400 Las comunidades eclesiales nacidas de la Reforma, separadas de la Iglesia Católica, «no han preservado la realidad adecuada del misterio eucarístico en su totalidad, especialmente por la ausencia del sacramento del Orden Sacerdotal». Por esto, para la Iglesia Católica, la intercomunión eucarística con estas comunidades no es posible. Sin embargo, estas comunidades eclesiales «al conmemorar en la Santa Cena la muerte y la resurrección del Señor, profesan que significa la vida en comunión con Cristo, y esperan su venida gloriosa».

1411 Sólo los sacerdotes válidamente ordenados pueden presidir la Eucaristía y consagrar el pan y el vino para que se conviertan en el Cuerpo y la Sangre del Señor.

1412 Los signos esenciales del sacramento eucarístico son pan de trigo y vino de vid, sobre los cuales es invocada la bendición del Espíritu Santo y el presbítero pronuncia las palabras de la consagración dichas por Jesús en la última cena: «Esto es mi cuerpo entregado por vosotros...Esta es la copa de mi sangre...».

1413 Mediante la consagración se realiza la transubstanciación del pan y del vino en el cuerpo y la sangre de Cristo. Bajo los elementos consagrados del pan y del vino, Cristo mismo, vivo y glorioso, está presente de manera verdadera, real y substancial, con su cuerpo, su sangre, su alma y su divinidad (cf Concilio de Trento: DS 1640; 1651).

1416 La Comunión con el cuerpo y de la sangre de Cristo acrecienta la unión del comulgante con el Señor, le perdona los pecados veniales y lo preserva de pecados graves. Puesto el recibir este sacramento fortalece los lazos de amor entre el comulgante y Cristo, la recepción de este sacramento refuerza la unidad de la Iglesia, como cuerpo místico de Cristo.

1417 La Iglesia recomienda vivamente que los fieles reciban la Santa Comunión cada vez que participen en la celebración de la Eucaristía; y les impone la obligación de hacerlo al menos una vez al año.

1418 Puesto que Cristo mismo está presente en el sacramento del altar, debe ser honrado con un culto de adoración. «La visita al Santísimo Sacramento es una prueba de gratitud, un signo de amor y un deber de adoración hacia Cristo, nuestro Señor». (Pablo VI, MF66).

APÉNDICE 2:
CITAS SOBRE LA CENA DEL SEÑOR

CITAS TOMADAS DE MARTÍN LUTERO SOBRE LA COMUNIÓN

La Cautividad Babilónica de la Iglesia (1520)

Para comenzar, debo negar que haya siete sacramentos, y por el momento mantener que no hay sino tres: el bautismo, la penitencia y el pan. Todos los tres han estado sujetos a una miserable cautividad por la curia romana, y se le ha robado a la iglesia toda su libertad. Pero si fuera a hablar de acuerdo a los usos de la Escritura, debía tener un solo sacramento, pero con tres signos sacramentales.

Nota: Lutero negó más tarde el carácter sacramental de la penitencia.

Pero por más de mil doscientos años la iglesia creyó correctamente, durante cuyo tiempo los santos padres nunca, en ningún momento o lugar, mencionaron esta «transubstanciación» (una idea y una palabra pretenciosas) hasta que la pseudofilosofía de Aristóteles comenzó a incursionar en la iglesia en estos últimos trescientos años, en los cuales muchas cosas se han definido incorrectamente, como por ejemplo, que la esencia divina no es engendrada ni procreada; o que el alma es la forma substancial del cuerpo humano. Estas afirmaciones y otras semejantes se hacen sin razón ni causa alguna, como el propio cardenal de Cambrai admite.

CITAS DE JUAN CALVINO SOBRE LA COMUNIÓN

Institución de la Religión Cristiana

Debemos notar diligentemente que casi toda la virtud y fuerza del sacramento consiste en estas palabras: que por vosotros se entrega; que por vosotros se derrama; porque de otra manera no nos serviría de gran cosa que el cuerpo y la sangre del Señor se nos distribuyesen ahora, si no hubieran sido ya entregados una vez por nuestra salvación y redención. Y así nos son representados bajo el pan y el vino, para que sepamos que no solamente son nuestros, sino que también han sido destinados como alimentos para nuestra vida espiritual.

Y así, como hemos dicho antes, por las cosas físicas que se nos proponen en los sacramentos debemos dirigirnos, según una cierta analogía, a las cosas espirituales (4:17:3).

En lo tocante al rito y ceremonia exterior, que los fieles tomen el pan con la mano, o no; que lo dividan entre sí, o que cada uno coma lo que le ha sido dado; que devuelvan la copa al diácono o que la den al que está sentado a su lado; que el pan sea con levadura o ázimo; que el vino sea tinto o blanco; todo esto carece en absoluto de importancia. Se trata de cosas indiferentes, que quedan al libre albedrío y discreción de la iglesia....

Ahora bien, para dejar a un lado todo este sinfín de ceremonias, la Santa Cena puede administrarse santamente, si con frecuencia, o al menos una vez a la semana, se propone a la Iglesia como sigue: Primeramente, debe comenzarse con las oraciones públicas; después de lo cual debe predicarse un sermón y después, cuando se hayan puesto el pan y el vino sobre la mesa, que el ministro repita las palabras de la institución de la Cena. A continuación que explique las promesas que en ella nos han sido hechas; al mismo tiempo, que excomulgue a todos aquellos que por prohibición del Señor quedan excluidos de ella. Después, que se ore para que el Señor, por la liberalidad que ha usado al darnos este sagrado alimento, también nos enseñe e instruya para que lo recibamos con fe y gratitud de corazón, y que por su misericordia nos haga dignos de tal banquete, ya que no lo somos por nosotros mismos. Pero aquí podrían cantarse salmos, o leerse algo, mientras los fieles, en el orden conveniente, participan en el santísimo banquete, partiendo los ministros el pan y pasando la copa. Cuando se concluya la Cena, que se tenga una exhortación a la verdadera fe, a una firme confesión de fe, de amor, y a una conducta digna de un cristiano. Finalmente, que se den gracias y se entonen alabanzas a Dios. Acabado todo esto, se despide a la congregación en paz (4:17:43).

Y aunque parezca increíble que la carne de Cristo, tan alejada de nosotros por la distancia, penetre hasta nosotros haciéndose alimento nuestro, pensemos hasta qué punto el poder oculto del Espíritu excede y supera todos nuestros sentidos, y cuán tonto es querer medir su inmensidad con nuestra medida. Así pues, lo que nuestro entendimiento no puede comprender, concíbalo la fe: que el Espíritu verdaderamente junta las cosas que están alejadas en el espacio (4:17:10).

Y aunque mi entendimiento pueda ir más allá de lo que mi lengua puede declarar y exponer, el mismo entendimiento se queda corto y no puede llegar más allá. No queda, pues, más que admirar y adorar este misterio, que ni el entendimiento puede comprender, ni la lengua declarar (4:17:7).

Digo, pues —lo cual siempre se ha aceptado en la Iglesia, y así lo enseñan en el día de hoy todos los que tienen sana doctrina—, que el sagrado misterio de la Cena consiste en dos cosas: en los signos visibles que, puestos delante de nuestra vista nos representan, de acuerdo con nuestra débil capacidad, las cosas invisibles; y la verdad espiritual que es al mismo tiempo representada y exhibida a través de los propios símbolos (4:17:11).

Bajo los apóstoles la Cena del Señor se administraba con gran simplicidad. Sus sucesores inmediatos añadieron algo, que no debía ser condenado, para realzar la dignidad del misterio. Pero después ellos fueron reemplazados por tontos imitadores que, poniendo remiendos de tiempo en tiempo, nos urdieron estos ropajes sacerdotales que vemos en la misa, estos ornamentos del altar, estas gesticulaciones, y todo el aparato de cosas inútiles (4:10:19).

Porque el bautismo nos atestigua que somos lavados y purificados; y la Cena eucarística, que hemos sido redimidos. En el agua se significa el lavamiento; en la sangre, la satisfacción (4:14:22).

Comentarios de Calvino

No es un signo vacío ni sin significado… sino que todos los que reciben esta promesa por fe son hechos verdaderos copartícipes de su carne y sangre (*Comentario de los Evangelios Sinópticos*, 3:209).

Hay tres errores contra los cuales… es necesario que estemos en guardia; primero, no confundir la bendición espiritual con el signo; segundo, no buscar a Cristo en la tierra, ni bajo elementos terrenales; tercero, no imaginar ninguna otra manera de alimentarse que la que nos hace llegar la vida de Cristo por el secreto poder del Espíritu, y la cual obtenemos solo por la fe (*Comentario sobre los Evangelios Sinópticos*, 3:209).

Opúsculos y cartas

No tenemos un mandato expreso para obligar a todos los cristianos a utilizar un día específico… La práctica de todas las iglesias bien ordenadas debe ser celebrar con frecuencia la Cena del Señor, tanto como admita la capacidad de la gente (*Breve Tratado sobre la Cena de nuestro Señor Jesucristo*, en *Opúsculos y Cartas*, 2:179).

Cuando se celebra la Cena, debemos adorar realmente [a Cristo] como presente, pero con las mentes elevadas al cielo (*El verdadero método de dar paz al cristianismo y reformar la Iglesia*, en *Opúsculos y Cartas*, 3:281).

CITAS DE JOHN WESLEY SOBRE LA COMUNIÓN (TOMADAS DEL SERMÓN 16, «LOS MEDIOS DE GRACIA», EN *JOHN WESLEY ON CHRISTIAN BELIEFS*, [KENNETH CAIN KINGHORN, ED., [NASHVILLE:ABINGDON, 2002], PP. 264-283

Todo el cuerpo de los primeros cristianos estaba de acuerdo en que Cristo había instituido ciertos medios exteriores para comunicar su gracia a las almas de los hombres. El uso constante de estos medios estuvo más allá de toda discusión todo el tiempo que «todos los que creían estaban juntos, y tenían todas las cosas comunes» (Hch 2:44), «y perseveraban en la doctrina de los apóstoles…y en el partimiento del pan y en las oraciones» (v. 42).

Empero, con el transcurso del tiempo, «el amor de muchos se enfrió». Algunos cristianos empezaron a confundir los *medios* con el *fin*. Entendieron que la religión consistía en la ejecución de esas cosas exteriores, más bien que en la regeneración del corazón según la imagen de Dios. Se olvidaron de que «el fin» de todo «mandamiento es el amor nacido del corazón limpio» con «fe no fingida». Perdieron de vista la instrucción del Señor de amar al Señor su Dios de todo su corazón, y a su prójimo como a sí mismo, y purificarse del orgullo, la ira, los malos deseos por la fe de la operación de Dios. Otros en la Iglesia se figuraban que, si bien la religión no consiste principalmente en estos medios exteriores, sin embargo, había algo en ellos que debía agradar a Dios; algo que los debía hacer aceptables a su presencia, aunque no hubiesen cumplido exactamente con los deberes más importantes de la ley, la justicia, la misericordia y el amor de Dios.

Como «medios de gracia» entiendo las señales exteriores, palabras o acciones que Dios, con el fin de ser las vías ordinarias por medio de las cuales puede comunicar a los hombres la gracia previniente, justificadora y santificadora.

Hago uso de esta expresión, «medios de gracia», porque no conozco otra mejor, y porque es la que se ha usado en la Iglesia Cristiana durante mucho tiempo, especialmente en nuestra iglesia, la que nos enseña a bendecir a Dios «por los medios de gracia y la esperanza de gloria», y que un sacramento es: «un signo externo de una gracia interna y un medio que nos la confiere».

Los más importantes de esos medios de gracia son: la *oración*, ya en lo privado o en la gran congregación; el *escudriñamiento de las Escrituras* (que significa leer, escuchar y meditar sobre ellas), y *recibir la Cena del Señor* (comer del pan y tomar del vino en memoria de Cristo). Creemos que estos medios fueron instituidos por Dios, como las vías ordinarias para comunicar su gracia a las almas de los hombres.

Concedemos que todo el valor de estos medios de gracia consiste en estar actualmente subordinados al objeto de la religión y, por consiguiente, que cuando todos estos medios se separan de su objeto, son menos que la misma vanidad. Que si no guían en realidad al conocimiento y amor de Dios, no son aceptables en su presencia, sino al contrario, una abominación; un mal olor que le ofende y se cansa de ellos no puede soportarlos. Sobre todo, si se usan en lugar de la religión, en vez de estar subordinados al objeto de ésta, no hay palabras con qué expresar lo enorme y pecaminoso de esta torpeza de volver las armas de Dios en contra de El mismo;

de evitar que el cristianismo se posesione del corazón, usando de esos mismos medios que fueron instituidos con tal fin.

Concedemos, igualmente, que todos los medios exteriores, si están separados del Espíritu de Dios, no pueden ser de ningún provecho ni conducir en ningún grado al conocimiento o al amor de Dios. Es incontrovertible que la ayuda que se recibe aquí, viene de Él mismo. Él, y sólo Él, es quien por medio de su poder omnipotente obra en nosotros lo que es agradable en su presencia.

Todo aquel que desee un aumento de la gracia de Dios, deberá esperarlo participando de la Cena del Señor...ante Dios, los ángeles y los hombres: manifestáis vuestra solemne conmemoración de su muerte, hasta que baje del cielo en las nubes.

Mas «pruébese cada uno a sí mismo», a ver si comprende la naturaleza y designio de esta santa institución y si efectivamente desea ser hecho conforme a la muerte de Cristo, y así, sin duda alguna, «coma de aquel pan, y beba de aquella copa».

Aquí repite San Pablo expresamente la dirección que el Señor dio primero: que coma; que beba. Palabras que no significan un mero permiso, sino un mandamiento claro y explícito. Un mandamiento a todos los que ya se sienten llenos de paz y gozo al creer, o que pueden decir en verdad: «La memoria de nuestros pecados nos aflige; su peso es intolerable».

Y que este sea un medio usual de recibir la gracia de Dios, lo evidencian las palabras del apóstol que se hallan en el capítulo anterior: «La copa de bendición que bendecimos, ¿no es la comunión,» o sea la comunicación «de la sangre de Cristo? El pan que partimos, ¿no es la comunión del cuerpo de Cristo?» (1 Co 10:16). El comer el pan y beber la copa, ¿no es el medio exterior y visible por el cual Dios comunica a nuestras almas toda esa gracia espiritual, esa justicia y paz y gozo en el Espíritu Santo que fueron comprados con el cuerpo de Cristo, una vez despedazado, y la sangre de Cristo, una vez derramada por nosotros? Todo aquel, pues, que anhele la gracia de Dios, coma de ese pan y beba de esa copa.

CITAS DE CHARLES H. SPURGEON SOBRE LA COMUNIÓN (TOMADAS DE VARIOS SERMONES)

El pan y el vino, después que se han comido y tomado, se asimilan en el sistema; ellos suministran fuerza a los huesos, tendones, músculos; edifican al hombre. Y en esto hay una enseñanza. El Cristo en el que se cree es uno con nosotros— «Cristo en nosotros, la esperanza de gloria». Hemos escuchado a personas hablar de creyentes que caen de la gracia y pierden a Cristo. No, señor, un hombre que ha comido pan—lo comió ayer. ¿Separarán ustedes ese pan del hombre? ¿Seguirán el rastro de las gotas que salieron de la copa, y las irán a sacar del sistema del hombre? Podrían hacer eso más fácilmente que sacar a Cristo del alma que una vez se alimentó de él. «¿Quién nos separará del amor de Dios, que está en Jesucristo nuestro Señor?». Él es en nosotros un manantial de agua del que emana vida eterna. Vea que extensa carta nos ha escrito Cristo con estas plumadas—cómo en este pan y este vino, que se comen y beben, nos ha enseñado misterios maravillosos—de hecho, toda la fe cristiana está, de manera breve, resumida aquí sobre esta mesa...

Mantengamos esta ordenanza en su pura simplicidad. Nunca le añadamos nada de nuestras propias ideas por la vía de fantasear de que honramos a Dios al adornar su mesa. Mostremos sencillamente la muerte de Cristo, y mientras lo hacemos con sencillez hagámoslo también festivamente. No es agradable reflejar que nuestro Señor no ha ordenado una ceremonia fúnebre en la cual celebrar su muerte; se trata de una fiesta...

¿Cuándo debemos hacerla? El texto dice «cada vez» — «cada vez que comen este pan». El Espíritu Santo podría haber usado las palabras «cuando coman», pero no lo hizo. Él nos enseña implícitamente que debemos hacerlo con frecuencia. No creo que haya ninguna ley definitiva sobre esto, pero me parece como si los primeros cristianos partieran el pan casi todos los días—«partiendo el pan en las casas» (RVR). No estoy seguro de que eso se refiera a la Comunión, pero con toda probabilidad lo es. Lo que sí es seguro es que en la Iglesia primitiva la costumbre era partir el pan en memoria de la pasión de Cristo el primer día de cada semana, y esto siempre era parte del servicio del Sabat cuando se reunían para recordar al Señor de esta manera. Cómo se puede pensar que es correcto dejar la celebración de esta ordenanza para una vez al año o una vez al trimestre no lo puedo comprender, y me parece que si los hermanos conocieran el gran gozo que hay en divulgar con frecuencia la muerte de Cristo no estarían contentos con hacerlo ni siquiera una vez al mes...

El predicador debe seguir predicando un Salvador moribundo; el alma estaría satisfecha con los tuétanos y la grosura. Nada se deja para ocupar nuestros pensamientos, o para ser sujeto de nuestro gozo, sino a nuestro querido Señor moribundo. ¡Ah! Alimentémonos de él. Cada uno, personalmente, como creyente—que se alimente de su Salvador. Si ha venido una vez, que venga otra. Que siga viniendo hasta que el propio Cristo aparezca. Mientras se mantenga la invitación, no la descuidemos, sino vengamos constantemente al mismo Cristo y alimentémonos de él (La Fiesta del Señor [pronunciado en el Tabernáculo Metropolitano, el 6 de agosto de 1871]).

¿Qué significa esta cena? Significa una comunión: comunión con Cristo, comunión de los unos con los otros...

Aquí sobre la mesa ustedes tienen los signos de la más amplia y completa comunión. Este es un tipo de comunión que no pueden decidir rechazar: si estamos en Cristo, ella debe y tiene que ser nuestra. Ciertos hermanos restringen su comunión a la ordenanza exterior, y piensan que tienen buenos motivos para hacerlo; pero no soy capaz de ver la fuerza de su razonamiento, porque gozosamente observo que estos hermanos tienen comunión con otros creyentes en la oración, y en la alabanza, y al escuchar la Palabra, y de otras maneras: el hecho es que la cuestión de la comunión real está muy lejos del control humano, y es al cuerpo espiritual lo que la circulación de la sangre al cuerpo natural, un proceso necesario que no depende de la volición. En la búsqueda de un libro devocional más profundo, ustedes se han fascinado y se han beneficiado, y no obstante al fijarse en la página del título puede ser que hayan encontrado que el autor pertenecía a la Iglesia de Roma. ¿Entonces qué? Pues, entonces ha ocurrido que la vida interior ha roto todas la barreras, y vuestros espíritus se han comunicado... Los lazos de sangre son los más fuertes y ninguna fraternidad es más inevitable y sincera que la fraternidad en la sangre preciosa y en la vida resucitada de nuestro Señor Jesucristo. Aquí en la común recepción del pan, damos testimonio de que somos uno; y en la real participación de todos los escogidos en la única redención, esa unidad se despliega en lo muy profundo y madura de la manera más sustancial. Lavados en la única sangre, alimentados del mismo pan, animados por la misma copa, todas las diferencias desaparecen, y «nosotros, siendo muchos, somos un cuerpo en Cristo, y todos miembros uno del otro». (*Comunión con Cristo y su pueblo: Una alocución en un servicio de comunión en Mentone*).

CITAS DE PADRES DE LA IGLESIA SOBRE LA COMUNIÓN

Ignacio

Yo deseo el pan de Dios, el pan celestial, el pan de vida—el cual es la sangre de Jesucristo, el Hijo de Dios... Y deseo la bebida de Dios, a saber su sangre, la cual es amor incorruptible y vida eterna (Epístola a los Romanos, cap. 7).

Que eso se considere una apropiada Eucaristía, la cual se [administra] ya sea por un obispo o por uno en quien él la haya confiado (*Epístola a los Esmirneanos*, cap. 8).

Justino Mártir

Terminadas las oraciones, nos damos el ósculo de la paz. Después se ofrece pan y un vaso de agua y vino a quien hace cabeza, que los toma, y da alabanza y gloria al Padre del universo, en nombre de su Hijo y por el Espíritu Santo. Después pronuncia una larga acción de gracias por habernos concedido los dones que de Él nos vienen. Y cuando ha terminado las oraciones y la acción de gracias, todo el pueblo presente aclama diciendo: Amén, que en hebreo quiere decir así sea. Cuando el primero ha dado gracias y todo el pueblo ha aclamado, los que llamamos diáconos dan a cada asistente parte del pan y del vino con agua sobre los que se pronunció la acción de gracias, y también lo llevan a los ausentes (*Primera Apología*, sec. 61).

A este alimento lo llamamos Eucaristía [acción de gracias]. A nadie le es lícito participar si no cree que nuestras enseñanzas son verdaderas, ha sido lavado en el baño de la remisión de los pecados y la regeneración, y vive conforme a lo que Cristo os enseñó. Porque no los tomamos como pan o bebida comunes, sino que, sí como Jesucristo, Nuestro Salvador, se encarnó por virtud del Verbo de Dios para nuestra salvación, del mismo modo nos han enseñado que esta Comida de la cual se alimentan nuestra carne y nuestra sangre—es la carne y la sangre del mismo Jesús encarnado (*Primera Apología*, sec. 66).

Los que tienen y quieren, dan libremente lo que les parece bien; lo que se recoge se entrega al que hace cabeza para que socorra con ello a huérfanos y viudas, a los que están necesitados por enfermedad u otra causa, a los encarcelados, a los forasteros que están de paso: en resumen, se le constituye en proveedor para quien se halle en la necesidad. Celebramos esta reunión general el día del sol, por ser el primero, en que Dios, transformando las tinieblas y la materia, hizo el mundo; y también porque es el día en que Jesucristo, Nuestro Salvador, resucitó de entre los muertos (*Primera Apología*, sec. 67).

Clemente de Alejandría

La uva produce vino, como la Palabra produce sangre. Y las dos bebidas traen salud a los hombres—el vino para el cuerpo, la sangre para el espíritu (El Pedagogo, Libro 1, cap. 5).

Beber la sangre de Jesús es convertirse en partícipe de la inmortalidad del Señor... Mientras el vino se mezcla con agua, así se mezcla el Espíritu con el hombre... Y la mezcla de ambos—del agua y de la Palabra—se llama Eucaristía, eximia y gloriosa gracia. Aquellos que por fe participan de ella son santificados tanto en el cuerpo como en el alma (*El Pedagogo*, Libro 1, cap. 2).

En otra parte, el Señor, en el evangelio según Juan, expresó esto por medio de símbolos, cuando dijo: «Coman mi carne y beban mi sangre», al describir claramente por medio de una metáfora las propiedades bebibles de la fe (*El Pedagogo*, Libro 1, cap. 6).

Tertuliano

[Jesús] declaró bien explícitamente lo que trataba de decir por el pan cuando llamó al pan su propio cuerpo. De la misma manera él, al mencionar la copa y sellar el nuevo pacto «en su sangre», afirma la realidad de su cuerpo (*Contra Marción*, cap. 40).

Orígenes

Tenemos un símbolo de gratitud a Dios en el pan que llamamos la Eucaristía (Contra Celsio, cap. 57).

OTRAS CITAS CRISTIANAS SOBRE LA COMUNIÓN (TOMADAS DE *THE TABLE OF THE LORD*, CHARLES L. WALLIS, ED. [NUEVA YORK: HARPER & BROTHERS, 1958])

Olive Wyon (autor británico del siglo XX)

Cada vez que participamos en la Eucaristía somos otro eslabón en la cadena de continuas celebraciones del sacramento, que nunca han cesado, desde la Última Cena hasta el momento presente.

Estamos en una gloriosa sucesión. Piense en Policarpo, obispo de Esmirna, que aprendió mucho de Cristo de Juan, el discípulo del Señor, en Éfeso, y fue amigo íntimo de «aquellos que habían visto al Señor». Nacido aproximadamente en el año 70 (o quizás un poco antes) Policarpo, cuando era joven, tiene que haber adorado frecuentemente ante la Eucaristía cuando oficiaba Juan. Qué emocionante debe haber sido para él escuchar las palabras: «Hagan esto en memoria de mí», pronunciada por uno que había conocido al Señor sobre la tierra. Fue con esta fe y este amor que Policarpo vivió y oró y sirvió a Cristo, y con esta fe murió. Era un hombre muy viejo cuando se desató la persecución en Esmirna. Pero cuando lo llevaron delante de las autoridades y le exigieron que sacrificara al César, y de esta manera salvara su vida, él sólo tuvo que decir una cosa: «He servido a Cristo durante ochenta y seis años, y él nunca me hizo daño; ¿cómo puedo ahora blasfemar de mi Rey que me ha salvado?». Cuando lo ataron a la estaca para ser quemado, oró: «Te bendigo porque me has considerado digno del día y la hora presentes, de tener una parte en el número de los mártires, y en la copa de Cristo, hasta la resurrección de vida eterna».

Policarpo había guardado la «fiesta de la redención» durante toda su larga e inmaculada vida. Había «recordado» a Cristo en el sacramento, pero no había sido el «recuerdo», sino su Presencia viva la que lo había fortalecido para que sirviera y resistiera hasta el mismo fin. Policarpo bebió de la «copa de Cristo» cuando dio su cuerpo para que fuera quemado antes que negar a su Señor.

Elmer J. F. Arndt (profesor de seminario del siglo XX)

Los sacramentos declaran la intención de Cristo de unirnos a sí mismo, de tener comunión con los suyos, de ser uno con nosotros... Él está presente como el Santo delante de quien estamos obligados a reconocer nuestra propia indignidad. Él está presente como Aquel lleno de gracia quien resistió la cruz por nuestra redención. Él está presente como el que alcanzó la victoria sobre el pecado y la muerte, el Señor viviente de un reino eterno. En su presencia, estamos en presencia del Eterno. Temor, reverencia, asombro, y amor que adora nos posee. ¿Es verdaderamente sorprendente que la presencia del Señor y el compañerismo que el establece con aquellos que le responden con fe no se pueda contener en una declaración conceptual o se agote en una expresión verbal?

John G. Paton (misionero escocés en las Nuevas Hébridas en el siglo XIX)

Nuestra primera comunión en Aniwa... fue el Sabat, 24 de octubre de 1869; y seguramente los ángeles de Dios y la Iglesia de los Redimidos en Gloria estaban entre la gran nube de testigos que ansiosamente «se asomaban» a la escena —cuando nos sentamos alrededor de la Mesa del Señor y participamos del cuerpo [de Cristo] y la sangre con aquellas pocas almas rescatadas del mundo pagano... En ese Día del Señor, tras el usual servicio de apertura, ofrecí una breve y cuidadosa exposición de los Diez Mandamientos y del camino de salvación de acuerdo con el evangelio...

Comenzando con el viejo jefe, los doce [candidatos] se adelantaron, y los bauticé uno por uno... Entonces se ofreció una oración solemne, y en el nombre de la Santa Trinidad, la Iglesia de Cristo en Aniwa se constituyó formalmente. Les hablé de las palabras de la santa institución —1 Corintios 11:23— y entonces, después de la oración de acción de gracias y consagración, administré la Cena del Señor, ¡la primera vez desde que la isla de Aniwa se alzó de sus profundidades de coral!... Pienso, si alguna vez en toda mi existencia terrenal, podría añadir de verdad en ese día las benditas palabras: Jesús «está presente».

Todo el servicio ocupó aproximadamente tres horas. Los isleños observaban con el asombro de quien el indeseable silencio era casi doloroso escuchar... Por tres años nos habíamos afanado y orado y enseñado por esto. En el momento en que puse el pan y el vino en aquellas manos oscuras, alguna vez manchadas con la sangre del canibalismo, ahora extendidas para recibir y participar de los emblemas y sellos del amor del Redentor, tuve un anticipo del gozo de la gloria que casi hizo pedazos mi corazón. Nunca probaré una dicha más profunda hasta que contemple el rostro glorificado del propio Jesús.

Robert P. Menzies (teólogo del siglo XX de las Asambleas de Dios)

En la primera Guerra Mundial Karl Barth estaba presente en un servicio católico romano en algún lugar de la zona de guerra. Durante la celebración de la misa un proyectil se estrelló contra el edificio y explotó. El sacerdote esperó hasta que se disipara el polvo y disminuyeran los destrozos, entonces continuó calladamente el servicio como si nada hubiera ocurrido. Aparentemente se estaba haciendo algo mucho más importante en este servicio que estuvo cubierto por los efectos de la acción enemiga... La historia del Pacto Escocés de la Reforma conlleva un elocuente tributo del poder del testimonio que descansa en el culto público. Cuando los hombres sostienen conventículos al aire libre, con sabuesos humanos aullando a sus pies, y cuando extienden la Mesa del Señor literalmente en la presencia de sus enemigos, están con toda seguridad publicando su sentido del valor de estas cosas.

Handley C. G. Moule (obispo anglicano del siglo XIX)

Creo que si nuestros ojos estuvieran abiertos a lo invisible, de hecho contemplaríamos a nuestro Señor como presente en nuestra Comunión. De seguro que allí y entonces, si en algún lugar y en algún momento, él recuerda su promesa: «Donde dos o tres se reúnan en mi nombre, allí estoy yo en medio de ellos» (Mt 18:20). Esa presencia especial, la prometida presencia congregacional, es perfectamente misteriosa en el modo pero absolutamente cierta en el hecho; no una creación de nuestra imaginación o emociones sino un objeto de nuestra fe. Creo que nuestro Señor está tan presente, no solo sobre la santa mesa, sino junto a ella, que se le podría ver en nuestra presencia a fin de bendecir el pan y el vino para un santo uso, y distribuirlos a sus discípulos... Creo que debemos adorarlo, porque está presente en medio de nosotros en su gracia viviente, con inefable reverencia, acción de gracias, gozo, y amor. Debíamos recibir el pan y el vino con un profundo sentido de su carácter sagrado como dados por él en calidad de certidumbre física hacia nosotros, como creyentes en él y de tal modo como miembros de él, en todos los beneficios de su pasión.

Alexander Balmain Bruce (teólogo y clérigo escocés del siglo XIX)

Al considerar a Cristo el Pan de Vida, no debemos limitarnos al beneficio mencionado por él al instituir la fiesta, la remisión de pecados, sino tener presente todos sus beneficios que tienden a nuestra nutrición espiritual y crecimiento en gracia. Cristo es el Pan de Vida en todos sus oficios. Como profeta, él proporciona el pan de la divina verdad para nutrir nuestras mentes; como sacerdote, provee el pan de la justicia para satisfacer nuestras conciencias perturbadas; como rey, se presenta a sí mismo como un objeto de devoción que debe llenar nuestros corazones y a quien debemos adorar sin temor de idolatría.

El rito de la Cena... se usa para interpretar la muerte del Señor. Arroja una luz importante sobre el significado de ese evento solemne. La institución de esta festividad simbólica fue de hecho la contribución más importante hecha por Jesús durante su ministerio personal a la doctrina de la expiación a través del sacrificio de sí mismo. Por lo tanto, con más claridad que de cualquier otra acción realizada o palabra pronunciada por él, los Doce debían aprender a concebir la muerte de su Señor como poseedora de un carácter redentor. En consecuencia Jesús, como si lo fuera, dijo a sus discípulos: Mi pasión que se acerca no se debe considerar una mera calamidad, o tenebroso desastre, que contradice el propósito divino o mis expectativas; no como un golpe fatal infligido sobre mí y ustedes por hombres impíos, y la causa que todos queremos; ni siquiera como un mal que puede ser anulado por un bien; sino como un evento que cumple, no frustra, el propósito de mi misión, y que es fecundo en bendiciones para el mundo. Lo que los hombres consideran un mal, Dios lo considera un bien, para dar paso a la salvación de muchos vivos... Yo derramo mi sangre para un fin generoso, que es la remisión de los pecados. Mi muerte iniciará una nueva dispensación, y rubricará un nuevo testamento; esta cumplirá el propósito —y en consecuencia ocupará el lugar— de los múltiples sacrificios del ritual mosaico, y en particular del cordero pascual, el cual aun ahora se come. Yo seré el Cordero Pascual del Israel de Dios de ahora en adelante; de inmediato protegiéndolos de la muerte, y alimentando sus almas con mi humanidad sacrificada, como el pan de vida eterna.

William Temple (arzobispo anglicano del siglo XX)

«Comer la carne» y «tomar la sangre» del Hijo del Hombre no es lo mismo. Lo primero es para recibir el poder del desprendimiento y el auto sacrificio en grado sumo. Lo segundo es para recibir, en y a través del desprendimiento y el autosacrificio, la vida que triunfa sobre la muerte y está unida a Dios. Ambos «elementos» se necesitan para un pleno acto de «comunión», lo cual sugiere que recibir la Santa Comunión con una sola especie es penosamente perjudicial para la plena realidad del sacramento. La vida que se da a sí mismo aun a la muerte; la vida que se levanta de la muerte hacia una unión con Dios: estos son los dones divinos sin los cuales «no tenéis vida en vosotros» (RVR). Pero aquel que recibe y hace suyos esos dones tiene vida eterna. Porque esos dones son verdadera comida y bebida para los hombres; aquel que los recibe y hace suyos «permanece en mí y yo en él» (Jn 6:56).

Es esencial para el valor espiritual de este sacramento que hagamos lo que el Señor hizo. Este es un símbolo, sin duda, pero es un símbolo expresivo, no arbitrario; eso es decir, la realidad espiritual que denota se comunica de hecho por el símbolo. El símbolo es enfáticamente, no un mero símbolo; si fuera eso, deberíamos sólo recibir lo que nuestras mentes pudieran captar del significado simbolizado. Este es un instrumento del propósito de Dios de darse a sí mismo a nosotros, así como el símbolo de lo que él da. Lo que recibimos no está limitado por nuestra capacidad para comprender el don. Cuando con la intención correcta recibo el pan y el vino, de hecho recibo a Cristo, ya sea que tenga alguna conciencia de esto o no en el momento, y siempre más plenamente de lo que estoy consciente. Nosotros, al repetir y de esa manera identificarnos con este acto sacrificial, nos convertimos en partícipes de su singular sacrificio, el cual es la perfecta dedicación al Padre de la humanidad que Dios en Cristo ha tomado para sí mismo.

George H. Morrison (predicador escocés del siglo XIX)

La simplicidad de Cristo se corona con la fiesta de la Cena del Señor. Allí no hay un rito elaborado ni un ceremonial ostentoso. No hay nada de esa colorida magnificencia que una vez se necesitó para atraer al mundo. Una copa de vino y un pedazo de pan partido, estos son los signos y símbolos del Evangelio. Y nunca siento la simplicidad de Dios y del gran plan de Dios para rescatar al mundo... con tanto poder y frescura como cuando me siento a la mesa de la Comunión. Hay grandes misterios en nuestra redención. Hay cosas profundas en que aun los ángeles no pueden penetrar. Pero en el centro está el hecho tan simple de que su mejor ritual es pan y vino.

John Frederick Jansen (profesor de seminario del siglo XX)

Poseemos dos sacramentos. No negamos que toda la vida es sacramental en la medida que apunta a la obra que hace Dios con sus manos y su presencia. No negamos que todo en la vida es sacramental en la medida en que señala con singular claridad al amor salvador de Dios que tuvo efecto en la cruz. El matrimonio, por ejemplo, puede ser llamado sacramental en que apunta a un

«Amor divino, que excede a todo amor», pero el matrimonio no esta limitado a la fe cristiana, ni apunta a la muerte de Jesús. Por esa razón, no se ofrece el matrimonio a todos los cristianos. Por este motivo los cristianos protestantes definen como sacramentos solo aquellos signos dados por el propio Jesús a todos los creyentes, que muestran y sellan el amor salvador de Dios. Los dos sacramentos del bautismo y la Cena del Señor declaran que la vida se renueva, no debido a algo que hacemos o podemos hacer, sino a causa de aquel que hace nuevas todas las cosas. El bautismo significa que la vida se ha renovado; de manera que el bautismo no se repite. La Cena significa que esta nueva vida debe ser continuamente sostenida y nutrida por Aquel que la ha hecho nueva, que «el que comenzó tan buena obra en ustedes la irá perfeccionando» (Fil 1:6).

Martin Dibelious (teólogo alemán del siglo XX)

En su última noche, Jesús había reunido a sus discípulos para una cena. Solo al comienzo de la noche se celebraban comidas ceremoniales; la hora acostumbrada para una comida principal era más temprano... Esta se convirtió en una comida de despedida. Porque dentro de la cena Jesús tomó una hogaza redonda de pan, la partió, como usualmente se hacía con el pan, y dividió las porciones de la hogaza entre sus discípulos. De la misma manera después de la cena, debido a que había copas de vino sobre la mesa, él hizo que se pasara una de estas copas entre quienes estaban a su alrededor, y cada discípulo bebió de ella. Cualquier hombre del mundo antiguo... habría entendido el significado de un acto como ese sin necesidad de palabras: los discípulos iban a sentirse que integraban una fraternidad, justo como ya lo habían sentido mientras viajaban, comían, y bebían con el Maestro. Porque comer juntos une a los participantes en la comida unos con otros... La separación del Maestro es lo que confronta este círculo, pero ellos van a permanecer unidos, aun sin él, hasta el día en que la mesa de la fraternidad se renueve en el reino de Dios. Este es el fundamento. Aun si Jesús no hubiera hablado de su muerte, él estableció no obstante esta fraternidad independiente. La Última Cena significa la fundación de la Iglesia.

C. H. Dodd (erudito en el Nuevo Testamento y teólogo galés del siglo XX)

En la Eucaristía la Iglesia reconstruye permanentemente la crisis por la cual el reino de Dios entró en la Historia. Nunca va más allá de esto. En cada Eucaristía estamos allí, estamos en la noche en que lo traicionaron, en el Gólgota, ante la tumba vacía el Día de Pascua, y en el aposento alto donde él apareció; y estamos en el momento de su venida con ángeles y arcángeles y toda la compañía del cielo, en el pestañar de un ojo, en la última trompeta. La comunión sacramental no es una experiencia puramente mística para la cual la historia, como envuelta en la forma y la materia del sacramento, sería, en última instancia, irrelevante. Esta está atada a la memoria colectiva de eventos reales. La historia ha sido elevada a lo supra-histórico sin dejar de ser historia.

Evelyn Underhill (escritora y mística anglicana del siglo XX)

Aquí la Iglesia se ha dado cuenta desde el principio de esa Presencia que es la fuente de su vida y su poder; ha expresado su adoración, acción de gracias, y penitencia; ha presentado sus súplicas por los vivos y los muertos, ha ofrecido su oblación, recibido la comida de la inmortalidad, y recordado el prevalente sacrificio a partir del cual comenzó su vida. Y aquí, pese a periódicas recaídas... los cristianos aun pueden encontrar las mismas fuentes esenciales de la adoración, el refrigerio, y la intimidad; el mismo acceso a la inextinguible Caridad Divina, y la misma invitación a la oblación y la comunión en la ofrenda y la consagración del pan y el vino. Si aun fuéramos dejar de lado el carácter sacramental de su origen histórico y su reclamo sobrenatural, ningún otro rito podría encarnar tan bien la... paradoja trascendental del cristianismo; la acción divina universal, y el íntimo acercamiento divino a cada alma; la comida de la vida cotidiana, y el misterio de la vida eterna, los dos dados a un tiempo; el recordatorio histórico perpetuamente renovado, pero que encuentra su culminación en una Presencia real y constante sin la restricción de las categorías de tiempo y espacio. Aquí del más ingenuo de los que adora encuentra una invitación al amor y la gratitud, y un foco para su devoción, la cual puede aprehender aunque nunca explicar; y el contemplativo encuentra una puerta que se abre bajo el inefable misterio de Dios. Esos profundos niveles de nuestro ser que viven sin cambios bajo el flujo de la vida exterior, y de los que a veces nos damos cuenta—esos niveles en los que tenemos sed de Dios y lo aprehendemos, y conocemos que nuestro ser más auténtico consiste en cierto parentesco con él—estos niveles se alcanzan y se agitan por el movimiento de la Eucaristía.

Jonathan Edwards (predicador, teólogo y misionero congregacionalista del siglo XVIII)

En la Cena del Señor hay una solemne profesión mutua de dos partes que realizan el pacto de la gracia, y están visiblemente unidas en ese pacto; el Señor Jesucristo por medio de su ministro, de un lado, y los comulgantes (que son creyentes confesos) por otro lado... Cristo se presenta a sí mismo a los comulgantes creyentes como su propiciación y como el pan de vida... Y al ellos recibir lo que se ofrece... profesan abrazar las promesas y asirse de la esperanza que se les pone delante, para recibir la expiación, para recibir a Cristo como su alimento espiritual, y alimentarse de él en sus corazones por la fe. En realidad, lo que se profesa de ambos lados es el corazón; porque Cristo al ofrecerse a sí mismo profesa la disposición de que su corazón sea de ellos los que debidamente lo reciben; todos los comulgantes, por su parte, profesan la disposición de sus corazones para recibirlo a él... De ese modo la Cena del Señor es sencillamente una mutua renovación, confirmación, y el sello de un pacto de gracia: ambas partes que comulgan profesan su consentimiento a sus respectivas partes en el pacto de gracia.

Stephen Neill (teólogo, historiador y evangelista del siglo XX)

Para mantener la unidad interna de la comunión, el grupo de cristianos [primitivos] tenía un instrumento mucho más potente que ningún otro, la celebración regular de la Eucaristía. En muchos aspectos, el culto cristiano parece haberse desarrollado a partir del de la sinagoga; esto, la fiesta eucarística era un elemento único e irreemplazable. La participación en ella era el signo de la fraternidad cristiana; la exclusión de ella era un serio castigo que podía imponerse a un hermano que erraba. Cualquiera que fuera el peligro, cualquiera que fuera la dificultad, y para los esclavos la dificultad tiene que haber sido a veces casi insuperable, se consideraba obligatorio para los cristianos estar presentes y recibir el Pan de Vida. En casas privadas, en catacumbas, a menudo antes que amaneciera, los cristianos se reunían para hacer lo que el Señor había señalado, ser moldeados de nuevo en un pan, un cuerpo, ser situados de nuevo firmemente dentro de esa redención eterna que Dios había realizado por medio del Cristo resucitado. Tan esencial era eso de que cada miembro debía participar de la «medicina de la inmortalidad», que se enviaban porciones de la hogaza a aquellos que estaban enfermos y en tiempos de persecución a aquellos que estaban en prisión.

Emil Brunner (teólogo suizo del siglo XX)

¿Por qué ordenó Jesús la observación de este rito? Él no dio a sus discípulos ninguna otra instrucción similar sobre la adoración divina. ¿Por qué esta? ¿No es suficiente predicar y creer en el Evangelio, el Evangelio de su muerte expiatoria? ¿Por qué esta ceremonia en nuestras iglesias? Durante mucho tiempo me hice esta pregunta... sin encontrar la solución correcta, hasta que la respuesta saltó a mi mente desde este texto [1 Corintios 10:16-17]: debemos notar el significado dual de la frase «cuerpo de Cristo». Por un lado ella se refiere al cuerpo quebrantado por nosotros en la cruz del Gólgota: esto se simboliza o expresa de forma figurada en el pan quebrado, justo como el vino que se vierte representa la sangre de Cristo derramada por nosotros en la cruz. Esa es la interpretación normal con la que estamos familiarizados a partir de nuestras instrucciones de confirmación. Esta es correcta hasta donde alcanza, pero es incompleta. Porque el cuerpo de Cristo significa en el Nuevo Testamento algo más: la Iglesia. Lo último es el cuerpo de Cristo porque los cristianos se incorporan al Cristo eterno por medio de la fe y el Espíritu Santo. De manera que nuestro texto dice: «Nosotros, que somos muchos, somos un cuerpo». Allí se levanta de nosotros, que somos una multiplicidad de individuos, algo íntegro y cohesivo, moldeado en conjunto.

De esa manera lo que se efectúa a través de la común participación en la muerte expiatoria de Jesucristo es la unidad de la Iglesia... Aquí no hay magia, el pan no se transforma en el cuerpo, ni el vino en sangre. Pero sí tiene lugar un milagro en el sentido de que esos hombres que formalmente eran sus propios señores y maestros son gobernados ahora por un Señor, y de formar múltiples individuos separados, cada uno viviendo y cuidando de sí mismo, se levanta una unidad, un cuerpo, del cual cada creyente es un miembro y Jesucristo la Cabeza, que controla y guía todo. En el comer el pan y beber el vino, el propio Jesucristo está presente para todos ellos y los constituye en una unidad, la cual él controla y dirige. Ellos se convierten el cuerpo de Jesucristo.

A. M. Fairbairn (teólogo congregacionalista escocés del siglo XIX)

Esa cena es un evento que afecta profundamente la imaginación. Su verdadera simplicidad incrementa su importancia. El significado que ello conlleva para la fe es maravilloso de un lado; el lugar que ha ocupado, la obra que ha hecho en la historia, es maravilloso del otro. Si se le hubiera concedido a Cristo la visión de lo que ella iba a ser y a hacer, ¿no habría convertido sus penas en gozo, aun cuando sus sufrimientos fueran los más hondos? El habría visto a su cena sobrevivir durantes las edades, simple en forma, trascendente en significado, como un centro vivo de unidad para sus dispersos discípulos, una fuente de consuelo, fuerza, paz, pureza para los pecadores agobiados. En aposentos altos, en catacumbas en que descansaba el polvo de los muertos, y los espíritus de los vivos se encontraban para hablar entre sí palabras del más santo regocijo; en lugares desiertos y páramos, donde fugitivos perseguidos se reunían a escuchar a una voz que, aunque de hombre, parecía de Dios; en catedrales, donde forma y espacio hablaban majestuosamente al ojo, y sublime música al oído; en rudas chozas en tierras paganas o salvajes; en iglesias decoradas en opulentas, ajetreadas e intelectuales ciudades — hombres de los más diversos tipos y condiciones, santos y pecadores, ignorantes y educados, simples y gentiles, ricos y pobres, pares y campesinos, soberanos y súbditos, sacerdotes y pueblo, formando una multitud que ningún hombre puede contar, se han reunido por siglos para celebrar esta cena, y ser hechos por ella más sabios, más felices y más santos.

Arthur Evelyn Barnes-Lawrence (pastor británico del siglo 19)

¡Qué emocionante para la imaginación es la fiesta que constituye un vínculo, incuestionable y directo, con el propio aposento alto! A lo largo de todo el conflicto y la tensión de la historia eclesiástica de Asia y África, a lo largo de todas las tormentosas edades del mundo, allí se extiende una cadena continua, cada eslabón dorado una Eucaristía, que vincula la última fiesta de la Comunión con la primera...

Cuando nos reunimos alrededor de la Mesa del Señor, observamos, manejamos, probamos los elementos del pan y el vino ordenados por Cristo. Las palabras de consagración son aquellas que resonaron en los oídos de los discípulos. El propósito por el cual la recibimos es idéntico al de ellos. El sacramento es el mismo, y el don recibido el mismo. El hecho es obviamente uno de importancia vital... La Santa Comunión respondía exactamente a nuestro natural deseo de continuidad histórica. Es de la benevolencia de Dios que nuestro amor y anhelo de contacto personal, encuentre su añorado encuentro por el tocar y el probar y el oír... Al dar a la iglesia este sacramento, Jesucristo anticipó las necesidades de amor de todas las edades.

RECURSOS PARA ESTUDIOS ULTERIORES

Aulen, Gustaf. *Eucharist and Sacrifice*. Trad. Eric H. Wahlstrom. Filadelfia: Muhlenberg, 1958.
Baillie, Donald M. *The Theology of the Sacraments and Other Papers*. NuevaYork: Charles Scribner's Sons, 1957.
Barclay, William. *The Lord's Supper*, Filadelfia: Westminster, 1967.
Bartels, Ernest. *Take Eat, Take Drink: The Lord's Supper Through the Centuries*. St. Louis, MO: Concordia, 2004.
Barth, Markus. *Rediscovering the Lord's Supper: Communion with Israel, with Christ, and Among the Guests*. Atlanta: John Knox, 1988.
Bloesch, Donald G. *The Reform of the Church*. Eugene, OR: Wipf & Stock, 1998.
———. *Wellsprings of Renewal: Promise in Christian Communal Life*. Grand Rapids: Eerdmans, 1974.
Bradshaw, Paul F. *The Search for the Origins of Christian Worship*. Nueva York: Oxford Univ. Press, 1992.
Bridge, Donald, and David Phypers. *Communion: The Meal That Unites?* Wheaton, IL: Shaw, 1983.
Bromiley, G. W. *Sacramental Teaching and Practice in the Reformation Church*. Grand Rapids: Eerdmans, 1957.
———. *The Unity and Disunity of the Church*. Grand Rapids: Eerdmans, 1958.
Bruce, Robert. *The Mystery of the Lord's Supper: Sermons ofthe Sacrament Preached in the Kirk of Edinburgh by Robert Bruce in A.D. 1589*. Ed. Thomas F. Torrance. Richmond, VA: John Knox, 1958.
Cantalamessa, Raniero. *The Eucharist: Our Sanctification*. Segunda edición. Trad. Frances Lonergan Villa. Collegeville, MN: Liturgical, 1995.
Chemnitz, Martin. *The Lord's Supper*. St. Louis, MO: Concordia, 1979.
Clark, Neville. *An Approach to the Theology of the Sacraments*. Londres: SCM, 1956.

Crockett, William R. *Eucharist: Symbol of Transformation*. Collegeville, MN: Liturgical, 1989.
Cullman, Oscar, and F. J. Leenhardt. *Essays on the Lord's Supper*. London: Lutterworth, 1958.
Cully, Kendig Brubaker. *Sacraments: A Language of Faith*. Filadelfia: Christian Education Press, 1961.
Davies, Horton. *Bread of Life and Cup of Joy: Newer Ecumenical Perspectives on the Eucharist*. Grand Rapids: Eerdmans, 1993.
Elert, Werner. *Eucharist and Church Fellowship in the First Four Centuries*. Trad. N. E. Nagel. St. Louis, MO: Concordia, 1966.
Eller, Vernard. *In Place of Sacraments: A Study of Baptism and the Lord's Supper*. Grand Rapids: Eerdmans, 1972.
Evangelical Lutheran Church in America: «The Use and Means of Grace: A Statement on the Practice of Word and Sacrament». Minneapolis: Augsburg, 1997.
Fiedler, Ernest J., and R. Benjamin Garrison. *The Sacraments: An Experiment in Ecumenical Honesty*. Nashville: Abingdon, 1969.
Forsyth, Peter Taylor. *The Church and the Sacraments*. Londres: Independent Press, 1964.
Freeman, Elmer S. *The Lord's Supper in Protestantism*. Nueva York: Macmillan, 1945.
Guy, Laurie. *Introducing Early Christianity: A Topical Survey of Its Life, Beliefs and Practices*. Downers Grove, IL: InterVarsity, 2004.
Henry, Jim. *In Remembrance of Me: A Manual on Observing the Lord's Supper*. Nashville: Broadman & Holman, 1998.
Higgins, A. J. B. *The Lord's Supper in the New Testament*. Londres: SCM, 1952.
Huebsch, Bill. *Rethinking Sacraments: Holy Moments in Daily Living*. Mystic, CN: Twenty-Third Publications, 1989.
Jeremias, Joachim. *The Eucharistic Words of Jesus*. Trans. Norman Perrin. London: SCM, 1966.
Kereszty, Roch A., ed. *Rediscovering the Eucharist: Ecumenical Conversations*. Nueva York: Paulist, 2003.
Kerr, High Thompson. *The Christian Sacraments: A Source Book for Ministers*. Filadelfia: Westminster, 1954.
Kodell, Jerome. *The Eucharist in the New Testament*. Collegeville, Minn.: Liturgical, 1988.
Krauth, Charles P. *The Conservative Reformation and Its Theology*. St. Louis, MO: Concordia, 1963.
Larere, Philippe. *The Lord's Supper: Toward an Ecumenical Understanding of the Eucharist*. Collegeville, MN: Liturgical, 1993.

Laverdiere, Eugene. *The Eucharist in the New Testament and the Early Church.* Collegeville, MN: Liturgical, 1996.

Marty, Martin E. *The Lord's Supper.* Minneapolis: Augsburg, 1997.

Mathison, Keith. *Given for You: Reclaiming Calvin's Doctrine of the Lord's Supper.* Phillipsburg, NJ: P & R, 2002.

McEachern, Alton M. *Here at Thy Table, Lord: Enriching the Observance of the Lord's Supper.* Nashville: Broadman, 1977.

Mitchell, Nathan. *Real Presence: The Work of the Eucharist.* Chicago: Liturgical Training Publications, 1998.

Murray, Andrew. *The Lord's Table.* Nueva York: Revell, 1897.

Pittenger, W. Norman. *The Christian Sacrifice: A Study of the Eucharist in the Life of the Christian Church.* Nueva York: Oxford Univ. Press, 1951.

Rahner, Karl. The Church and the Sacraments. Nueva York: Hyperion, 1994.

Reu, Johann M. *Two Treatises on the Means of Grace.* Reprint. Minneapolis: Augsburg, 1952.

Rordorf, Wily et al. *The Eucharist of the Early Christians.* Trans. Matthew J. O'Connell. Nueva York: Pueblo, 1978.

Sasse, Herman. *This Is My Body: Luther's Contention for the Real Presence in the Sacrament of the Altar.* Adelaide, South Australia: Lutheran Publishing House, 1977.

———. *We Confess the Sacraments.* Trad. Norman Nagel. St. Louis, MO: Concordia, 1985.

Schmemann, Alexander. *The Eucharist: Sacrament of the Kingdom.* Crestwood, NY: St. Vladimir's Seminary Press, 1987.

Shurden, Walter B., ed. *Proclaiming the Baptist Vision of Baptism and the Lord's Supper.* Macon, GA: Smith & Helwys, 1999.

Skibbe, Eugene M. *Protestant Agreement on the Lord's Supper.* Minneapolis: Augsburg, 1968.

Stevenson, Kenneth. *Accept This Offering: The Eucharistic Sacrifice Today.* Collegeville, MN: Liturgical, 1989.

Stibbs, Alan M. *Sacrament, Sacrifice and Eucharist.* Londres: Tyndale Press, 1961.

Stookey, Laurence Hull. *Eucharist: Christ's Feast with the Church.* Nashville: Abingdon, 1993.

Stott, John R. W. *Confess Yours Sins: The Way of Reconciliation.* Filadelfia: Westminster, 1964.

Swanston, Thomas. *Come to the Feast.* Edimburgo: Handsel, 1982.

Tappert, Theodore. *The Lord's Supper: Past and Present Practices.* Filadelfia: Muhlenberg, 1961.

Teigen, Bjarne Wollan. *The Lord's Supper in the Theology of Martin Chemnitz.* Brewster, MA: Trinity Lutheran Press, 1986.

Thurian, Max. *The Mystery of the Eucharist: An Ecumenical Approach*. Trans. Emily Chisholm. Grand Rapids: Eerdmans, 1983.
Thurian, Max, and Geoffrey Wainwright, eds. *Baptism and Eucharist: Ecumenical Convergence in Celebration*. Ginebra: Consejo Mundial de Iglesias, 1984.
―――――. *Ecumenical Perspectives on Baptism, Eucharist and Ministry*. Ginebra: Consejo Mundial de Iglesias, 1983.
Van der Wilt, Jeffrey. *Communion with Non-Catholic Christians: Risks, Challenges, and Opportunities*. Collegeville, MN: Liturgical,
Van der Zee, Leonard J. Christ, *Baptism and the Lord's Supper: Recovering the Sacraments for Evangelical Worship*. Downers Grove, IL: InterVarsity, 2004.
Wallis, Charles L., ed. *The Table of the Lord: A Cummunion Encyclopedia*. Nueva York: Harper & Brothers, 1958.
Welker, Michael. *What Happens in Holy Communion?* Grand Rapids: Eerdmans, 2000.
Consejo Mundial de Iglesias, Fe y Orden, Ponencia No. 111. *Baptism, Eucharist and Ministry*. Ginebra: Consejo Mundial de Iglesias, 1982.
Wybrew, Hugh. *The Orthodox Liturgy: The Development of the Eucharistic Liturgy in the Byzantine Rite*. Crestwood, NY: St. Vladimir's Seminary Press, 1990.
Yarnold, G. D. *The Bread Which We Break*. Nueva York: Oxford Univ. Press, 1950.

ACERCA DE LOS COLABORADORES

John H. Armstrong es presidente de ACT 3, un ministerio para el avance de la tradición cristiana en el tercer milenio. Pastor por más de veinte años, ahora sirve a la iglesia como maestro itinerante, apologista y evangelista. Es profesor adjunto de evangelismo de la Escuela de Graduados del Wheaton College y enseña como invitado especial en varios seminarios. Es autor/editor de *The Catholic Mystery; Roman Catholicism: Evangelical Protestants Analyze What Divides and Unites Us; The Stain That Stays: The Church's Response to the Sexual Misconduct of Its Leaders; Five Great Evangelists; The Glory of Christ*; y *Reforming Pastoral Ministry*. Ha sido editor, desde 1992, de Reformation & Revival Journal, un periódico trimestral para la renovación de la iglesia. Sus reseñas y artículos han aparecido en numerosos periódicos y obras de varios autores y sus comentarios en la Internet aparecen regularmente en www.Act3online.com. Tiene diplomas tanto del Wheaton College como de Wheaton Graduate School, y recibió un doctorado en 1979 del Seminario Luther Rice (Atlanta). Está casado con Anita Siml Armstrong, es padre de dos hijos casados y abuelo de dos, y vive en Carol Stream, Illinois.

Thomas A. Baima es un sacerdote de la arquidiócesis de Chicago y Preboste de la Universidad de Santa María del Lago/Seminario Mundelein, donde también enseña teología sistemática. Es nativo de Chicago; recibió su BA [Bachillerato en Humanidades] de la Butler University; su STB [Bachillerato en Sagrada Teología], MDiv, [Master en Divinidades] y STL [Licenciatura en Sagrada Teología] de la Universidad de Santa María del Lago; y su STD [Doctorado en Sagrada Teología] (en estudios ecuménicos) de la Universidad Pontificia de Santo Tomás de Aquino en Roma. Es autor de *The Concordat of Agreement between the Episcopal Church and the Evangelical Lutheran Church in America: Lessons on the Way Toward Full Communion* y ha contribuido en cinco otros libros. Fue director de la Oficina para Asuntos Ecuménicos e Inter-religiosos de la Arquidiócesis de Chicago y sirvió como pastor asociado en varios ministerios parroquiales. Sus intereses docentes e investigativos están en el área de la eclesiología, el ecumenismo, el diálogo inter-religioso, y la misionología. Ha escrito numerosos artículos y reseñas de libros para varias publicaciones y ha participado en un forum católico-protestante con John H. Armstrong, el editor de este volumen.

I. John Hesselink fue el anterior profesor de la cátedra de teología sistemática Albert C. van Raalte en el Seminario Teológico Occidental en Holland, Michigan. También sirvió como presidente del Seminario Teológico Occidental desde 1973 hasta 1985. Ha servido en una amplia gama de funciones—evangelista, misionero, conferencista, traductor, y administrador. Recibió su Bachillerato en Humanidades del Central College (Iowa), su bachillerato en Divinidades del Seminario Teológico Occidental (Michigan), y su Doctorado en Teología de la Universidad de Basilea (1961). Sirvió de 1953 a 1973 como misionero en Japón,

Acerca de los colaboradores | 205

donde también enseñó teología sistemática. Estudió bajo la dirección de Emil Brunner y Karl Barth. Su investigación sobre Calvino le ha ganado reputación como un respetado especialista en los estudios calvinistas. Sus libros incluyen: *Calvin's First Cathecism: A Commentary* y *On Being Reformed*. Ha contribuido en numerosos y populares periódicos y revistas y enseñado teología histórica en el Seminario Teológico Unión de Tokio durante doce años. Casado desde 1951, John y su esposa Etta tienen cinco hijos y dos nietos y viven en Holland, Michigan.

Russell D. Moore es decano de la escuela de teología y primer vicepresidente para la administración académica del Seminario Teológico Bautista del Sur en Louisville, Kentucky. Recibió su bachillerato en ciencias de la Universidad del Sur de Mississippi, su maestría en divinidades del Seminario Teológico Bautista del Sur, y su doctorado en filosofía en el mismo seminario. Es autor de *The Kingdom of Christ: The New Evangelical Perspective* y coeditor de *Why I Am a Baptist*. Contribuye con regularidad con varias publicaciones y es editor principal de *Touchstone: A Journal of Mere Christianity*. También sirve como director ejecutivo del Carl F. H. Institute for Evangelical Engagement y es un columnista regular de Baptist Press. Ha servido en los equipos pastorales de dos iglesias y fue ayudante de un congresista de Estados Unidos. Él y su esposa María, junto con sus tres hijos —Benjamín, Timothy, y Samuel— viven en Louisville, Kentucky.

David P. Scaer es presidente del departamento de teología sistemática en el Seminario Teológico Concordia de Fort Wayne, Indiana. Recibió los diplomas de mastría en Divinidades y doctorado en Teología del Seminario Teológico Concordia de St. Louis. Ha escrito cientos de artículos en publicaciones académicas y revistas populares. Es autor de numerosos libros, incluyendo *James: The Apostle of Faith; Apostolic Scriptures, The Sermon on the Mount;* y *Discourses in Matthew: Jesus Teaches the Church Theology*. Contribuyó con tres volúmenes a la Serie Dogmática de la Confesión Luterana: *Christology; Baptism;* y *The Law and the Gospel and the Means of Grace*. Sirvió como editor del *Concordia Theological Quarterly* y antes fungió como decano académico en el Seminario Teológico Concordia. Hace varios años se le honró con un Festschrift [Publicación Festiva] titulada *All Theology Is Christology*. Vive con su esposa Dorothy y cinco hijos en Fort Wayne, Indiana.

Paul E. Engle, editor de la serie Counterpoints Church Life, es un ministro ordenado que sirvió durante veintidós años en el ministerio pastoral en Pennsylvania, Connecticut, Illinois, y Michigan. Es maestro adjunto en varios seminarios en este país e internacionalmente. Es graduado del Houghton College (Bachillerato en Humanidades), Wheaton College Graduate School (Maestría en Divinidades), y del Seminario Teológico Westminster (DMin). Es autor de ocho libros, incluyendo *Baker's Wedding Handbook, Baker's Funeral Handbook,* y *Baker's Worship Handbook*. Funge como vicepresidente y editor en el equipo de Recursos de Iglesia, Académicos y de Referencia, de Zondervan. Él y su esposa Margie viven en Grand Rapids, Michigan.

PREGUNTAS PARA DISCUTIR Y REFLEXIONAR

CAPÍTULO 1: LA PRESENCIA DE CRISTO COMO RECORDATORIO

1. ¿Piensa que la Cena del Señor tal como se practica en su congregación significa la guerra entre Dios y Satanás, la victoria de Cristo sobre los poderes demoníacos?
2. ¿Cómo podría su congregación hacer de la Cena del Señor un evento más festivo mientras mantiene la seriedad de la Mesa del Señor?
3. Russell Moore cree que la falta de atención a la Cena del Señor en muchas iglesias viene de una falta de atención a la necesidad de predicar el Evangelio a los creyentes. ¿Piensa usted que el Evangelio de Cristo crucificado y resucitado —como se aplica a los creyentes— se enfatiza lo suficiente en nuestras iglesias? ¿Cómo sirve la Cena del Señor para dirigir a los cristianos al Evangelio?
4. Este capítulo sostiene que el eclipse de la Cena del Señor como la proclamación del Evangelio ha dado lugar a todo tipo de substitutos, tales como las películas de Hollywood que describen el sufrimiento y el derramamiento de la sangre de Cristo. ¿Piensa usted que cosas tan mundanas como la partición del pan y el derramamiento del vino pueden evidenciar la muerte de Jesús tan efectivamente como una imagen cinematográfica?
5. ¿Está de acuerdo que los pequeños fragmentos y las copitas individuales de jugo tienden a anular el aspecto de comunión de la Santa Cena? ¿Cómo se pudiera enfatizar el aspecto comunal de la Cena en su iglesia?
6. ¿Está de acuerdo en que el bautismo es un prerrequisito bíblico para la Cena del Señor? ¿Qué significa esto para las iglesias en las cuales los miembros disienten sobre el modo apropiado de llevarlo a cabo o se ofrecen como candidatos para el bautismo?

CAPÍTULO 2: LA PRESENCIA REAL DE CRISTO

1. La doctrina de la presencia real de Calvino ¿es muy sofisticada o mística para que la mayoría de las personas la comprendan?

Preguntas para discutir y reflexionar | 207

2. ¿Cómo responde usted a la exhortación de la liturgia: «¡Eleven sus corazones!» (el *sursum corda*)? ¿Qué siente usted cuando celebra la Cena del Señor?
3. ¿Qué se puede hacer para celebrar el sacramento con reverencia y al mismo tiempo más festivamente?
4. ¿Cuáles son los pro y los contra de admitir a los niños a la Mesa del Señor?

CAPÍTULO 3: ENCONTRAR LA PALABRA CORRECTA

1. En el centro de cualquier interpretación de la Cena del Señor están las palabras de Cristo: «Esto es mi cuerpo». ¿Cómo interpretan estas palabras las distintas tradiciones y cómo las entiende usted?
2. Llamar a este sacramento la Cena del Señor apunta a Cristo como su centro y creador. ¿Qué papel desempeñan en él el Padre y el Espíritu Santo?
3. La mayoría de las tradiciones cristianas hablan de la «presencia real». ¿Cómo concuerdan o disienten sobre lo que ello significa?
4. ¿Qué ritos del Antiguo Testamento nos ayudan a comprender la institución de la Cena del Señor en el Nuevo Testamento?
5. ¿Debe ofrecerse la Cena del Señor a todos los presentes en un servicio de la iglesia (comunión abierta)? Si hay restricciones acerca de quiénes deben participar (comunión cerrada), ¿cuáles deben ser?
6. A este rito se le conoce como la Misa, la Santa Comunión, la Eucaristía, la Cena del Señor, el Sacramento del Altar, y la Mesa del Señor. ¿De qué manera son útiles estas designaciones para comprenderlo?

CAPÍTULO 4: LA PRESENCIA VERDADERA, REAL Y SUBSTANCIAL DE CRISTO

1. ¿Qué sugiere para su propia espiritualidad la noción católica de la Eucaristía como la «fuente y la cima de la vida cristiana»?
2. ¿Cómo reacciona usted a la pregunta de San Ambrosio: «¿No podría la palabra de Cristo, la que puede hacer de la nada lo que no existe, cambiar las cosas que existen en lo que ellas no eran antes?». ¿Está usted o no de acuerdo? ¿Por qué? ¿Qué implicaciones tiene esto en cómo se interpreta la Cena del Señor?
3. ¿Debe exigir la Iglesia una correspondencia entre la fe y la vida moral de un individuo a fin de que él o ella sean admitidos a la Eucaristía? ¿Cómo se puede llevar a cabo esto en la práctica?
4. ¿Qué nuevas perspectivas le ofrece a usted como cristiano la noción de doxología?

Nos agradaría recibir noticias suyas.
Por favor, envíe sus comentarios sobre este libro
a la dirección que aparece a continuación.
Muchas gracias.

Vida@zondervan.com
www.editorialvida.com

www.ingramcontent.com/pod-product-compliance
Lightning Source LLC
LaVergne TN
LVHW031630070426
835507LV00025B/3416